得心应手做父母：7—12岁育儿经

朱秀婷 编著　李芳哲 绘

成都地图出版社

图书在版编目 (CIP) 数据

得心应手做父母 ：7-12 岁育儿经 / 朱秀婷编著 ；李芳哲绘 . -- 成都 ：成都地图出版社有限公司，2024. 11. -- ISBN 978-7-5557-2654-8

Ⅰ . G782

中国国家版本馆 CIP 数据核字第 2024GJ8697 号

得心应手做父母：7—12 岁育儿经

DEXINYINGSHOU ZUO FUMU 7—12 SUI YU'ER JING

编　　著：朱秀婷
绘　　者：李芳哲
责任编辑：高　利
封面设计：春浅浅
出版发行：成都地图出版社有限公司
地　　址：成都市龙泉驿区建设路 2 号
邮政编码：610100
印　　刷：三河市宏顺兴印刷有限公司
开　　本：880mm × 1230mm　1/32
印　　张：6
字　　数：136 千字
版　　次：2024 年 11 月第 1 版
印　　次：2024 年 11 月第 1 次印刷
书　　号：ISBN 978-7-5557-2654-8
定　　价：39.80 元

前言
PREFACE

亲爱的家长朋友们：

7—12 岁一般是孩子的小学阶段，也是孩子的人生中非常重要的一个阶段。一方面，孩子的身体在这个阶段快速长高，进行大运动和精细动作的能力在继续发展和完善，身体的柔韧性、灵活性、协调性和各项运动技能在不断提升；另一方面，孩子开始学知识、长本领，培养各种兴趣爱好和特长，塑造良好的性格和品格。在这个阶段，父母不仅要关心孩子的衣食住行，保障孩子的身体健康，还要关心孩子的学业，培养孩子的兴趣爱好，更要重视孩子的心理建设，培养孩子的自信心、自尊心、自我肯定感，使孩子变得内心强大，敢于向外拓展，成为优秀阳光的少年。

因此，父母要不断学习，了解孩子成长的每一阶段的大运动、精细动作、心智能力、语言能力、情绪与社会行为能力等特征，然后按照科学的教育方法引领孩子，这样才能使孩子有一个美好的未来。

小学是素质教育阶段，父母要重视孩子的综合素质培养，包括激发孩子的好奇心和求知欲，培养孩子的观察力、想象力、专注力，加强孩子的阅读能力、认知能力、底层思维能力、自主学习能力、时间管理能力、情绪管理能力、独立思考能力、解决问题能力、抗挫能力，提升孩子的自信心、自尊心、自我肯定感。这些方面发展好了，父母就不用担心孩子的学业和前途了，因为孩子已经拥有了让自己变强大的能力，也拥有了让自己幸福快乐的能力。

所以，父母要对孩子的成长进行一个整体的规划，要从日常生活中培养孩子的各种能力；要给孩子足够的时间进行自由探索、运动和玩耍，让孩子在探索实践中培养各种能力；要鼓励孩子与其他人交往

互动，让孩子在人际交往中培养善良、包容、诚信、乐于助人等优良品质，从而形成良好的性格和健全的人格。

教育孩子很重要的一步是尊重成长和鼓励成长。每个孩子都有自己先天的优势，父母应该了解孩子的长项在哪里，孩子内心最期望学习什么，未来想成为什么样的人，然后根据孩子的天赋和内心期望进行针对性培养，使孩子的潜能不断被激发出来，然后进行自我驱动，不断成为更好的自己。

在孩子的成长过程中，心理健康至关重要，父母要重视孩子的心理健康，不要给孩子施加太多压力。拔苗助长可能会导致孩子产生焦虑、抑郁等心理问题。

本书正是从以上诸多方面入手，专门为小学生父母编写的一本家教书，其中融入了作者多年的家庭教育经验和研究成果，旨在更好地帮助父母得心应手地引导孩子成长。

本书不仅提供了具体的家教方法，而且采用生动有趣的漫画形式，图文结合，为您提供崭新的阅读体验。衷心希望本书成为您育儿路上的良师益友。让我们共同努力，帮助孩子健康成长！

祝愿父母和孩子共同成长，祝愿每一个家庭幸福美满！

目录
CONTENTS

知识速递

最好的教育是引导，不是批评 / 001

不要给孩子下定义、贴标签 / 004

第一章

7 岁，沉静而敏锐，抽象思维开始发展

7 岁的孩子生长发育和能力发展对照表 / 012

孩子上小学啦，要做好幼小衔接 / 013

内心敏感脆弱，是名副其实的“小苦瓜” / 020

“橡皮擦年龄”追求完美，害怕失败 / 025

不再认为“我是世界的中心”，期待被接纳认可 / 029

以思考为特征的年龄，各种能力开始提升 / 036
阶段性粗心马虎，出错是常见现象 / 041
拖拉磨蹭，还没有建立时间观念 / 045
喜欢自主阅读，让书籍陪伴孩子成长 / 051
起跑线很短，人生很长 / 055

第二章
8 岁，
外向进取，综合能力全面发展

8 岁的孩子生长发育和能力发展对照表 / 060
开朗自信，积极向外拓展 / 061
心智发展更成熟，热爱思考和解决问题 / 066
智力发展黄金期，多方面发展认知能力 / 074
观察是认知的基础，要注重培养孩子的观察力 / 079
想象是创造的基础，激发孩子的想象力 / 084
思考是学习的核心要素，要培养孩子的思考能力 / 088
非智力因素是成长的内生动力，不可忽视 / 093
建立健康的亲子关系，陪孩子走过情感依恋期 / 098

第三章

9—10岁，自控而独立，开始有计划地发展兴趣特长

9—10岁的孩子生长发育和能力发展对照表 / 104

三年级是小学阶段的分水岭，打好基础不掉队 / 105

9岁的孩子爱好广泛，发展兴趣特长正当时 / 110

多件事情都重要，教孩子先做最重要的事情 / 115

不再事事依赖父母，趁机放手让孩子学着独立 / 119

10岁的孩子积极向上，乐于尝试新鲜事物 / 123

朋友成为世界中心，交友方法很重要 / 129

情绪就像坐过山车，教孩子管理自己的情绪 / 133

第四章 11—12 岁，积极构建自我，为了梦想和目标而努力

11—12 岁的孩子生长发育和能力发展对照表 / 142

11 岁，根据兴趣爱好结交朋友，更加重视友谊 / 143

12 岁，能容忍别人不完美，人际关系更和谐 / 150

11—12 岁，进入青春期初期，开始构建自我身份认同 / 157

知道学习的重要性，会主动进行探索性学习 / 165

遇到难题不会做？试试提升知识整合能力 / 171

死记硬背学得好辛苦？巧用方法让学习事半功倍 / 174

培养底层思维，让孩子越来越优秀 / 178

知识速递

最好的教育是引导，不是批评

小学阶段的孩子自控能力还比较差，会时常制造一些小麻烦，或者我行我素，不听父母意见。对此，父母惯常的做法是批评孩子。这种管教方式有时虽然能让孩子知道自己错了，但是却不知道怎样做才是对的，不能起到示范和引领作用。而且，批评容易挫伤孩子的自尊心和积极性，让孩子变得自卑和胆怯，或者对父母的武断做法进行质疑和挑战。

因此，最好的教育方法是引导而不是批评。父母要告诉孩子怎样做是对的，把方法告诉孩子，这样孩子才能少出错，养成做正确的事情的习惯。同时，这样也保护了孩子的自尊心，让孩子在自我完善中快乐成长。

★ 如何用引导代替批评

1. 如果孩子固执、任性，不要轻易批评孩子，要理解、鼓励孩子，循序渐进地纠正孩子的坏习惯。

2. 多与孩子正面交流，耐心地给孩子讲清楚道理，让孩子口服心服，愿意改变自己的想法。

3. 当孩子做出正确的行为时，父母要肯定和表扬孩子，让孩子继续坚持这种行为。

4. 父母要以身作则，为孩子树立榜样，让他们学会管理自己。

父母对孩子的期待要与孩子所处成长阶段的身心特征一致，多引导，少批评，让孩子不断完善自我，实现自我超越，不断成为更好的自己。

不要给孩子下定义、贴标签

在孩子的成长过程中，性情和行为会不断发生变化。根据耶鲁大学格赛尔人类发展研究所的研究成果《你的 N 岁孩子》介绍，在 7 岁之前，每一岁的前半年，孩子都会经历一个和顺阶段，后半年会经历一个不和顺阶段，然后又进入一个新的和顺阶段和一个新的不和顺阶段。7 岁之后，单岁这一年孩子会进入不和顺阶段，双岁这一年孩子会进入和顺阶段。孩子的性情和行为也会随着所处阶段的不同相应地发生变化，并逐年走向成熟。

在和顺阶段，孩子身上会呈现出很多积极因素，身体的协调能力、语言能力、认知能力、社交能力和情绪表达能力等都会迅速发展，孩子精力充沛，做事情积极主动，愿意合作，态度很好。在不和顺阶段，孩子的性情和行为会发生较大变化，比如身体的协调能力、平衡能力会出现些许退步，情绪会多变，容易发脾气，不好相处。在这一时期，孩子的身心在不断进行自我完善、自我重塑，出现这些情况是很正常的。父母要多理解和支持孩子，帮助孩子顺利度过每一个不和顺阶段，进入一个新的和顺阶段。

一般情况下，孩子的不和顺阶段和和顺阶段的年龄分布，如下图：

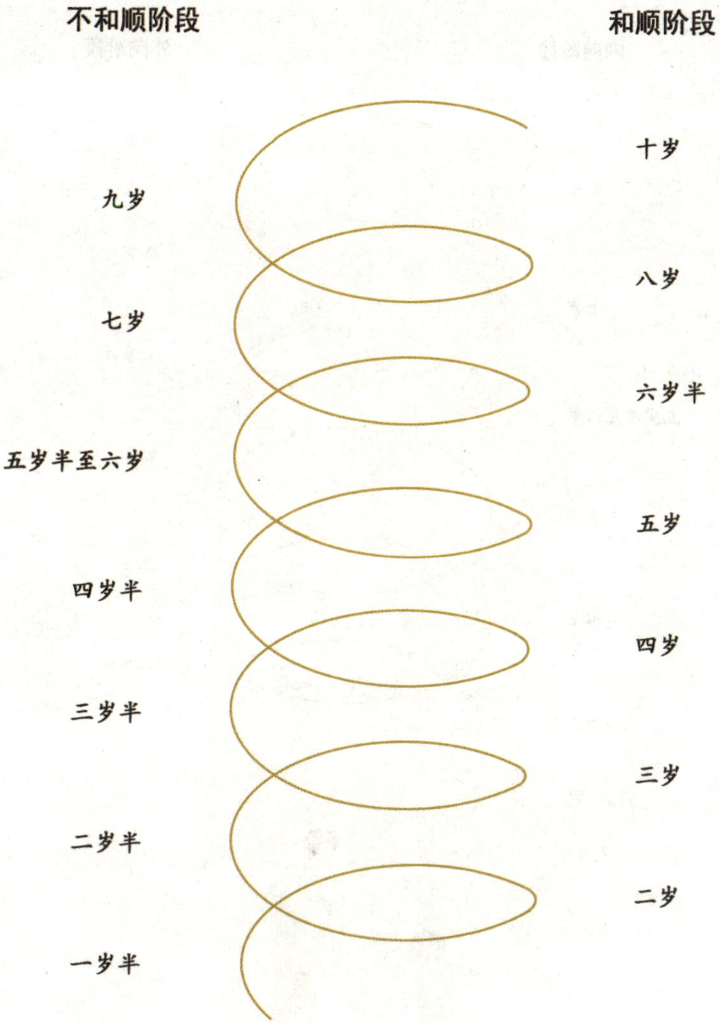

与和顺阶段和不和顺阶段相对应，孩子的性情也会出现外向阶段和内向阶段的交替。在孩子的性格最终定型之前，孩子的性情和行为会一直受内向阶段和外向阶段的交替影响，其年龄分布情况，如下图：

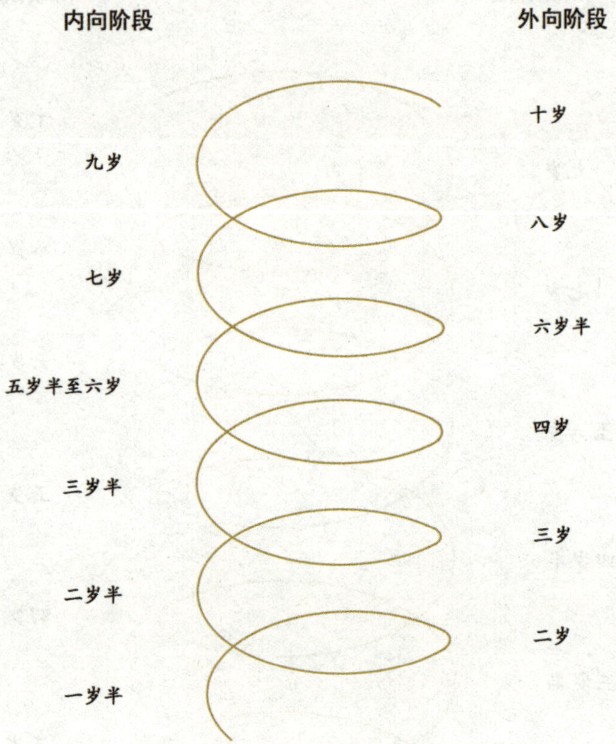

★ 在这个阶段，不给孩子下定义、贴标签

父母要了解孩子成长的规律，知道孩子在不同的成长阶段会有不同的性情特征和行为特征，多包容和理解孩子。特别是在不和顺阶段，父母面对孩子出现的各种执拗任性行为时，不要给孩子下定义、贴标签，多理解孩子、陪伴孩子，多为其提供心理支援，保障孩子健康成长。孩子在成长过程中会呈阶段性地反抗父母，有时甚至在反抗中迷惑、彷徨，失去自我。因此，父母不要过度地指责孩子，而应多理解孩子的内心感受，多与孩子共情，在心理上支持孩子，帮助孩子跨越成长迷茫期。当孩子性格定型，他就会呈现出稳定的性情特征。

★ 童年的经历对孩子的感受能力影响深远

孩子在童年时期经历幸福快乐的事情多，他们感受幸福的能力就会强，自我觉察力就会强，思维方式和心态就会积极向上。同时，他们会养成很多良好的习惯，形成积极乐观的性格，做事情积极主动，未来就会有一个好前途。

孩子如果童年经历的伤害比较多，他们感受痛苦的能力就会比较强，自我觉察力就会差一些，看到的都是别人的错，进而形成认知偏差。此外，他们在情感世界中，对爱的感受能力会比较差，容易产生负面情绪，进而产生不好的行为，形成不好的习惯，性格也会比较消极，做事情成功率会比较低。

这就是经历决定认知，认知决定行为，行为促成习惯，习惯影响性格，性格决定命运。认知的背后是觉察，觉察的背后是感受能力，也就是感受快乐、痛苦的能力。童年经历对孩子感受能力的影响最大也最深。

为了让孩子拥有幸福快乐的人生，父母要注意自己的言行方式，给孩子一个幸福快乐的童年，让童年里那些幸福快乐的经历给孩子留下很多幸福美好的感受。这些幸福美好的感受有助于孩子的大脑健康发育，形成健康的脑神经网络和积极的思维方式，进而形成强大的精神内核，不会总是多愁善感，产生无休止的精神内耗。

作为父母，要给孩子创造一个良好的成长环境，多给孩子传递正能量和积极因素，让孩子在被爱、被肯定和充满鼓励的环境里成长。这样，孩子的心理系统、神经系统就可以健康发展，进而为美好的未来打好基础。

★ 父母具体应该如何做

1. 7—9岁，孩子正在适应小学生活，学习基础知识，培养兴趣爱好，发展认知和思维模式。因此，父母在孩子的这个年龄段不要紧盯孩子的学习，而要帮助孩子全面发展，多鼓励，少批评，让孩子拥有良好的心态，每天开开心心上学。

2. 10—12岁，孩子自我意识增强，渴望独立，不喜欢父母干预自己，倔强固执，认定的事情就要坚持到底。这时，父母要学会适时、合理地放手，让孩子学着独立，只有独立的孩子才能走得更远。

孩子的青少年时期是父母和孩子建立良好的亲情关系最好的时期。在这个时期，父母要多听孩子的想法和感受，用平等的姿态跟孩子沟通交流，多与孩子共情，多听孩子倾诉不良情绪和烦恼，帮孩子解决实际难题。这样，父母与孩子就能够拥有良好的亲子关系。

第一章

7岁，沉静而敏锐，抽象思维开始发展

7 岁的孩子生长发育和能力发展对照表

五大能区	孩子生长发育和能力发展的具体表现
大运动	骨骼长得更加粗壮，肌肉力量不断增强，身体的平衡性、灵活性和协调性都好了很多，整个身体机能已具备进行多种运动的条件。可以让孩子参加提升弹跳能力和运动速度、增加肌肉力量和身体灵活性的运动项目，比如打篮球、踢足球、跑步、练跆拳道、打乒乓球、游泳
精细动作	手部动作更加精准，控制能力增强，可以灵活地握笔写字。眼睛更容易聚焦，双眼配合能力增强。可以让孩子多参加手眼配合的项目，比如做泥塑、绘画、弹琴
心智能力	对时间段的感悟力增强，知道一小时是多少分钟；有不错的方向感，对宇宙空间表现出兴趣；思维开始具体运行，能够理解 100 以内的序列数，理解个位、十位、百位上的数代表不同的值，理解大小形状的排列组合，会算加减法。爱思考，喜欢思考带有难度的问题；有一定的创造力，但创造力不突出
语言能力	口头语言表达精准流畅，书写相对规范。喜欢自主阅读，阅读水平大增，爱看漫画书、卡通故事书。可以让孩子大量阅读，提升知识储备，为学习打好基础
情绪与社会行为能力	内心脆弱敏感，缺乏安全感。不再认为"我是世界的中心"，在意他人的评价，渴望被接纳认可。开始考虑他人的感受，注意自己的言行举止，会尽力处理与朋友之间的摩擦。可以给孩子创造社交机会，让孩子多多社交，提升情商和逆商

孩子上小学啦，要做好幼小衔接

7岁的孩子一般已经升入小学一年级（上半年生的孩子已经进入二年级），到了一个新环境，对同学、老师、校园环境都不熟悉，上课方式也与幼儿园很不相同，文化课的内容增加了，需要完成更多的学习任务。这一切都考验孩子的适应能力。

父母要站在孩子的角度，多理解他们的心态，帮助孩子快速适应小学生活，做好他们的心理建设，做好幼小衔接，让他们在两个学段之间平稳过渡。

刚入学的孩子的整体状态

1. 依赖心理强。孩子刚离开幼儿园，还没有养成独立处事的习惯，自立能力差，依赖心理强。

2. 学习积极性不强。孩子刚上小学，还不懂学习的目的和意义，学习积极性不强，会由于各种原因而不想上学。

3. 缺少朋友，孤独。在刚入学的最初几周或几个月里，孩子因为对新环境不适应，缺少朋友，会时常感到孤独。

4. 情绪不稳定。孩子刚进入小学，需要熟悉新环境、新老师、新同学以及新的学习方式和生活方式。因为一切都是陌生的，加上学习压力和社交方面的问题，这些都会给孩子造成一定的心理压力，导致孩子情绪不稳定。

5. 容易因学习难题犯愁。在这个阶段，孩子还没有掌握学习方法，有些科目所需的逻辑思维还没有发展、强化，比如逆向思维、发散思维等，造成一些孩子常会因学习难题犯愁。

6. 集中注意力的时间较短。这一时期，孩子集中注意力的时长有限，有的孩子学习 20 分钟左右注意力就会分散，难以持久地学习。

★ 父母如何陪伴孩子适应小学生活

1. 在入学前熟悉校园环境。父母要在入学前陪同孩子去学校熟悉校园环境，熟悉教室和老师，甚至同学，让孩子减少对这些的陌生感，从而更快地融入小学生活。

2. 帮孩子养成一系列良好的生活习惯。入学后，父母要帮助孩子养成早睡早起、自己穿衣服、自己收拾书包等良好的生活习惯，这样孩子就能够逐步独立，不过分依赖父母。

3. 支持孩子交朋友。父母可以与其他孩子的父母一起组织家庭聚会，让孩子们互相认识，一起玩耍，结交朋友。有了朋友，孩子在学校就不会孤独，每天都会快乐地去上学。

4. 减轻孩子的学习压力。父母应多带孩子到户外去玩，放松心情，减轻孩子的学习压力，同时通过其他方式的学习，如逛书店、研学旅行等激发孩子的好奇心和求知欲，使孩子逐步爱上学习。

5. 创造安静的学习环境。一年级学生年龄小，自主学习意识差，注意力很难持久。因此，父母要给孩子创造一个安静的学习环境，减少干扰因素，让孩子能够专心学习。

6. 帮孩子养成良好的学习习惯。父母要作出表率，多看书学习，营造一个热爱学习的家庭氛围，使孩子从小耳濡目染，爱上学习。父母要鼓励孩子在课堂上认真听讲，跟上老师的思路，积极思考，主动回答问题。对于不懂的知识点要及时请教老师或同学。纠正孩子不正确的坐姿或握笔姿势等，教导孩子放学后早一点完成作业，养成今日事，今日毕的学习习惯。

内心敏感脆弱，是名副其实的“小苦瓜”

一般情况下，7 岁的孩子随着自我意识的发展，内心变得敏感起来，对很多事情充满忧虑，显得忧愁苦闷，是名副其实的“小苦瓜”。他们会担心老师或同学不喜欢自己，担心家人因学习成绩对自己失望，担心自己在集体活动中表现不佳……

7 岁是一个心理脆弱时期，7 岁的孩子往往内敛，缺乏认同感，惧怕很多事情。大人眼里的小事情，可能就是孩子心中的大事情。这一时期是培养孩子健全心理的重要时期。父母要多觉察孩子的脆弱心理，多理解孩子，呵护孩子，给孩子更多安全感，让孩子顺利度过这个敏感时期，健康成长。

妈妈，会有世界末日吗？
也许有吧，但那是很久以后的事情，你不用担心。
咱们这里会发生地震吗？
概率很小，你放心吧。
放心孩子，爸爸妈妈会努力工作，挣很多钱。
咱们家里会没有钱用吗？
你们如果生病住院了，会死吗？
现在医学很发达，很多疾病都能被治愈。

★ 7 岁孩子的心理特征和情绪表现

1. 自我意识不断增强。7 岁的孩子一般能够清晰地意识到自己是独立的一个人，他们不断在建立、强化自我意识。他们喜欢独处，喜欢待在自己的房间，守护自己的内心世界，做他们喜欢做的事情。

2. 内心敏感且脆弱。7 岁的孩子偶尔内心敏感且脆弱，会因父母不经意的一句话或者一个表情而失落难过或者会认为父母更爱弟弟或者妹妹，忽视自己，缺乏安全感。

3. 会因为一些还未发生的事情而担心、害怕。7 岁的孩子容易担心、害怕一些还未发生的事情，比如，担心、害怕老师不喜欢自己，担心、害怕自己生病会死，担心、害怕家里没有钱，等等。

4. 追求完美，造成内心冲突增加。7 岁的孩子往往追求完美，对自己高标准、严要求，做事情要做到满意为止。这也让孩子害怕失败，使内心冲突加剧，烦恼增多。

父母应该如何帮助孩子度过这段敏感期？

1. 多理解和关心孩子。若孩子多愁善感，父母要多观察孩子的情绪，关心孩子的内心想法，站在孩子的角度理解孩子的感受，帮助孩子走出困境，让孩子内心安定。

2. 给孩子提供安全感。孩子的担忧常常源于对未知事物的误解和恐惧。父母要多给孩子讲解生活常识和科学知识，让孩子明白，他们担心的很多事情并不会发生，从而减少孩子的焦虑和担忧，让孩子获得安全感。

3. 培养孩子积极的思维方式。父母应多带孩子出去长见识，培养孩子积极的思维方式和乐观的性格；鼓励孩子多关注事情积极的方面，遇到事情积极想办法解决，不要过分担心，不要总是去想象结果。

“橡皮擦年龄”追求完美，害怕失败

7 岁的孩子往往追求完美，害怕失败，在做作业时会不停使用橡皮擦修改错误。因此，7 岁也被称为“橡皮擦年龄”。

7 岁的孩子因为担心过多，往往害怕面对失败，不够自信，不敢独自去尝试很多事情，遇到困难想躲避。因此，7 岁不是一个富有挑战精神和创造力的年龄。父母要多引导孩子，鼓励孩子积极探索，不惧怕失败。

★对 7 岁的孩子多作正面引导

1. 多给孩子做心理引导。父母应主动了解孩子害怕失败的心理原因，从而有针对性地给孩子提供心理支持和引导，让孩子放下心理包袱。

2. 帮孩子建立积极的思维方式。父母应告诉孩子，想把事情做得完美是正常的，但是出错也是正常的，出错不代表自己不好，不用过分苛责自己。

3. 让孩子多关注过程而非结果。父母应教导孩子静下心来，专注于学习的过程，不要太在意结果，告诉孩子只要踏踏实实学习了，就会有好的结果。这有助于减轻孩子对失败的担忧。

4. 鼓励孩子去探索和创造。父母应给孩子提供丰富多样的学习机会，让孩子大胆尝试新鲜事物，进行探索和创造，让孩子在试错、纠错中成长。

5. 让孩子明白失败是成长的一部分。父母应让孩子知道失败是成长的一部分，通过失败找到自己的不足，从而弥补不足；让他们学会接受失败，不否定失败，将失败当成通往成功的阶梯。

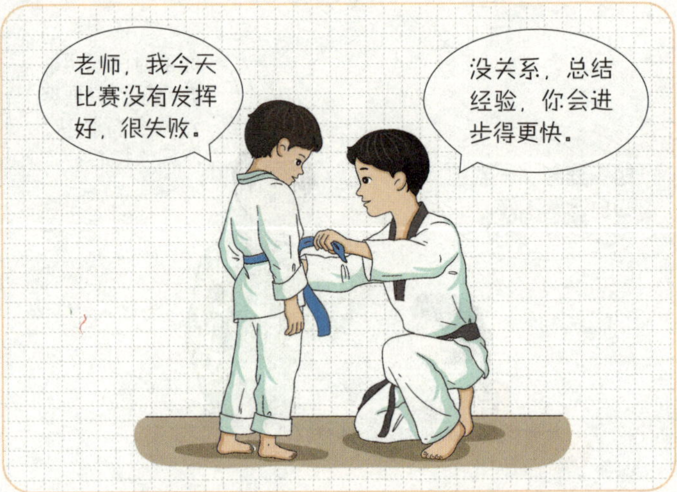

不再认为“我是世界的中心”，期待被接纳认可

7 岁的孩子往往不再认为“我是世界的中心”，能够站在别人的角度思考，为他人着想。他们在意别人对自己的评价，生怕别人不喜欢自己。他们开始学习约束自己的言语和行为，以符合别人对自己的期待。

这一时期的孩子会表现出明显的从众心理，期待被接纳认可，并渴望在群体里获得归属感。此时，父母要理解孩子的心理需求，给孩子创造社交条件，让孩子融入群体中。

孩子从众心理的具体表现是：因想被大家接纳认可而表现得与大家一样，不想太与众不同。

★7 岁的孩子的社交心理

1. 开始考虑别人的感受。7岁之前，孩子往往只关注自己的感受和需求。7岁的孩子开始较多关注别人的感受，关注别人是否开心或难过，渐渐懂得关心、体贴别人。

2. 渴望被同伴接纳认可。7岁的孩子往往期待被同伴接纳和认可，成为群体的一员，他们希望在群体里获得归属感和安全感。因此，他们会主动与同伴一起玩耍，合作完成任务，表现出社交的主动性。

3. 在意他人的评价。7岁以前，孩子主要根据自己的想法行事。7岁的孩子开始看重父母、老师和同学对自己的评价，会根据别人对自己的评价调整自己的行为。

4. 注意自己的言行举止。7岁的孩子意识到自己的行为可能影响别人，所以会更加注意自己的言行举止，约束自己的行为，避免给别人带来不便，从而获得别人的认同。

总体来说，7 岁是孩子个性和社交能力快速发展的时期。产生从众心理和行为是孩子社会化的一个过程，父母要帮助孩子趋利避害，积极融入群体中，并培养孩子的兴趣爱好，提升孩子的综合素质，让孩子在群体中更加自信。

★ 父母应该如何帮助孩子融入群体

1. 理解孩子的从众心理。父母要理解孩子的从众心理，明白孩子这样是想要得到小伙伴们的接纳和认可，要给孩子创造条件，助力孩子融入集体。

2. 给孩子创造社交机会。父母可以主动邀请孩子的小伙伴们到家里玩耍，教导孩子同小伙伴们玩耍时要多包容，互相帮助，积极配合，提升孩子的社交能力。

3. 培养孩子的人际交往能力。父母在日常生活中应教导孩子学习换位思考，理解别人的感受，多为别人着想，包容别人的错误，学习处理与别人的矛盾，逐步提升孩子的人际交往能力。

4. 培养孩子的特长。父母要注意培养孩子的特长，提升孩子的能力，让孩子更出彩，从而赢得小伙伴们的喜欢和欢迎。

最重要的是，父母要多肯定孩子，给予孩子足够的爱和支持，让孩子知道自己被接纳和被认可，从而培养出积极的心态和自信心。

以思考为特征的年龄，各种能力开始提升

7岁是一个以思考为特征的年龄，7岁的孩子的心智运行超越了之前的任何年龄段。一般情况下，7岁的孩子能够理解100以内的序列数，理解个位、十位、百位上的数代表不同的值，理解大小形状的排列组合，会算加减法；对时间段的感知力日益增强，知道一个小时有多少分钟，现在是几点几分；有不错的空间方向感，外出能记住自己走过的线路。他们的认知能力、记忆能力、动手操作能力、语言表达能力等都有不同程度的提升。

在这一阶段，孩子的思维能力开始强化，心智发展加速。父母要创造一个充满好奇心和学习乐趣的家庭环境，让孩子喜欢学习，热爱思考，使各种能力得到发展。

★ 7 岁的孩子心智加速发展的特征

1. 认知能力有了明显提升。7 岁的孩子的认知能力有了显著提高。初步具备较强的观察和理解能力，能够根据自己的观察和经验进行初步的推理和判断，然后将注意力集中在关键点上，进行思考和解决问题。

2. 记忆能力有所增强。7 岁的孩子的记忆能力较 6 岁时有了显著提高，能够参与到学习中并认真听讲，认真做作业，主动背诵诗词，记忆能力有了明显提升。

3. 动手操作能力进一步发展。7 岁的孩子的动手操作能力进一步发展，能够手眼协调配合地写字、绘画、做手工，并尝试自己独立去做事情。

4. 语言表达能力提高。7 岁的孩子能够准确地表达自己的想法和感受，善于使用形容词和语法结构，使自己的语言表达生动有趣、清晰流畅。

★父母如何促进孩子的心智和各种能力发展

1. 给孩子提供各种学习机会。父母可以多带孩子参观博物馆、植物园、科技馆等，给孩子提供丰富的学习机会，让孩子在观察思考中增长见识，提升认知能力。

2. 与孩子进行探究性学习。父母可以多与孩子一起解题和玩智力游戏，提升孩子的逻辑思维和分析推理能力。

3. 培养孩子动手操作能力。在日常生活中，父母可以教导孩子自己整理书包、做家务，给孩子提供绘画、做手工和搭积木的材料和工具，让孩子在不断的操作实践中锻炼手部的灵活性，锻炼动手能力，促进手眼协调和精细动作发展。

4. 提升孩子的语言理解能力和表达能力。父母可以多给孩子提供图书让其阅读，提升孩子的词汇量和阅读理解能力。鼓励孩子自己编故事和讲故事，锻炼孩子的记忆力、想象力等，进而提升孩子的语言理解能力和表达能力。

阶段性粗心马虎，出错是常见现象

7岁的孩子虽然追求完美，但是粗心马虎是这个年龄段孩子的普遍特征。因为7岁的孩子的大脑神经系统还没有发育成熟，注意力还不够集中，记忆力和思维能力还有局限，很难把事情考虑周全，做周全。他们做作业时把数字写错，考试时看错题干要求，都是常见现象。

所以，当孩子做错事时不要责怪他们，多理解他们。同时，教给孩子一些方法，让孩子做事情时要用心，每一步都要考虑周全，养成良好的习惯，逐步改掉粗心马虎的毛病。孩子一旦养成了良好的习惯，将会长期受益。

粗心马虎是这个年龄段孩子的普遍特征。父母如果不了解这种情况，经常批评孩子，孩子就会感到很委屈，为了避免被父母批评，就会刻意隐瞒自己的错误。这样的结果不是父母所期望的。所以，父母要帮助孩子养成好习惯，改变粗心马虎造成的影响。

父母应如何帮助孩子改变粗心马虎的习惯

1. 教导孩子养成在做事情之前先思考的习惯。父母应给孩子做示范、讲方法，让孩子在做事情之前先思考，看明白或听清楚要求再做，养成认真、慎重的习惯。

2. 教导孩子养成检查的习惯。父母要教导孩子在做完事情之后再次检查，减少出错率。

3. 教导孩子养成关注细节的习惯。父母应教导孩子做事情时，每一个环节都要细致、认真，养成重视细节的习惯。

4. 教导孩子一次只做一件事。孩子的注意力有限，同时做几件事，会严重分散注意力。所以，父母要教导孩子养成一次只做一件事的习惯。比如，做作业时不能听音乐或者玩玩具。

孩子在养成好习惯的过程中，可能难以坚持下来，这时就需要父母及时提醒和鼓励。当孩子把习惯内化成一种自觉的行动时，好习惯就养成了。

拖拉磨蹭，还没有建立时间观念

7岁的孩子拖拉磨蹭现象突出，让父母十分头疼。其实孩子拖拉磨蹭并不是孩子故意这样做，这与孩子没有时间观念有关，也与这个年龄的发展特征有关。

面对孩子的拖拉磨蹭，父母需要做的不是责怪孩子，而是让孩子知道时间的重要性，帮助孩子建立时间观念，学习管理自己的时间。

★孩子拖拉磨蹭的原因

1. 在幼儿园慢节奏的生活中养成的习惯。孩子上小学之前，在幼儿园里做的许多事情是不要求“效率”的，因此孩子在慢节奏的生活中养成了做事慢吞吞、随心所欲的习惯。上小学以后，他们还没有学会“快节奏”地做事情。

2. 集中注意力的时长有限。7 岁的孩子因为年龄小，集中注意力时长一般只有 15 ~ 20 分钟，常常在事情做到一半时就走神了，然后拖拖拉拉的，用很长时间才能把一件事做完。

3. 时间观念模糊。一些孩子对时间观念很模糊，不知道放学后应该先做什么，后做什么，几点钟该做什么事，造成拖拉磨蹭现象。

4. 遇到难题不想面对。一些孩子遇到不会做的难题就不想面对，便会采用拖拉磨蹭的方法消极对待。实际上这是因为孩子有畏难情绪。

父母不要因为拖拉磨蹭指责孩子，因为孩子还没有时间观念，做事的效率便受到影响，指责只会让孩子产生抵触心理。在这段时期，父母可以帮助孩子学习时间管理。

★ 父母应如何帮助孩子学习时间管理

1. 告诉孩子管理时间好处多。7 岁的孩子还不明白时间管理有什么意义。父母应该告诉孩子，每个人一天的时间都是有限的，如果尽快把事情做完，就可以用节省下来的时间干自己喜欢的事情，让孩子愿意管理好自己的时间。

2. 教孩子制定作息时间表。父母应教导孩子把一天的课余时间进行合理安排，让孩子知道每个时间段该做什么事情，树立时间观念，养成按照时间安排做事情的习惯。

教孩子制定一份作息时间表

作息时间表

时间	内容
7:00—7:50	起床、洗漱、吃早饭、去学校
8:00—12:00	上学
12:00—13:00	吃午饭、休息
13:00—17:00	上学
17:00—19:00	运动、娱乐、吃晚饭
19:00—21:00	做作业、阅读
21:00—21:30	洗澡、睡觉

3. 教孩子分解任务。孩子拖拉磨蹭有时候是因为作业量大，有畏难情绪，这时父母可以教孩子把学习任务分成几部分，每次只完成一部分。这样孩子心理压力就会很小，每完成一部分就充满成就感，愿意继续完成任务。

4. 教给孩子学习方法。孩子知道怎么学习就不会害怕学习，所以父母要了解孩子遇到的学习问题，教给孩子学习方法，让孩子用方法解决问题，这样就能提升学习效率。

喜欢自主阅读，
让书籍陪伴孩子成长

7岁的孩子开始从亲子阅读向自主阅读转变。虽然孩子还会偶尔缠着父母讲故事，但是孩子已经能够享受自主阅读带来的快乐了。

7岁的孩子理解能力有了不小的提升，即使不认识有些字，也能够通过绘本的插图理解故事梗概，从而获得阅读乐趣。在这一时期，孩子的学习任务不重，正是大量阅读的好时机。各种绘本、童话故事书、逻辑思维游戏书、科普书等都是适合孩子自主阅读的图书。父母要多给孩子买一些书供孩子阅读，拓展孩子的知识面，增长孩子的见识，丰富孩子的想象力和语言表达能力，让孩子在阅读中不断成长。

★ 父母如何帮助孩子在阅读中成长

1. 根据孩子的兴趣购买图书。不同的孩子喜欢阅读的图书类型不同。有些孩子喜欢益智类的书，有些孩子喜欢幽默类的书，有些孩子喜欢童话书、故事书。父母根据孩子的兴趣爱好给孩子购买图书，更容易吸引孩子主动阅读。

2. 让孩子养成朗读的好习惯。父母应鼓励孩子在阅读时把喜欢的内容朗读出来。朗读既可以帮助孩子口眼结合记忆，也能提升孩子的语感和口头表达能力。

3. 鼓励孩子养成摘抄的习惯。父母应给孩子准备一本笔记本，让孩子把看到的优美的句子、有趣的语段、经典的诗词摘抄下来，变成孩子写作的素材库。孩子写作时经常看看摘抄内容并学以致用，就能提升写作能力。

4. 父母要养成阅读的习惯。父母是孩子的第一任老师，如果父母爱阅读，孩子耳濡目染，自然也会爱上阅读。父母有空时多看书，不仅能提升自己的文化素养和专业能力，也有利于孩子养成阅读习惯，让孩子在书香中成长。

5. 与孩子一起阅读和讨论书籍内容。父母要经常与孩子一起阅读精品图书，讨论书中的内容和人物角色，提升孩子的理解能力和分析鉴赏能力。

起跑线很短，人生很长

孩子上小学以后，很多父母就开始给孩子报各种兴趣班，想让孩子赢在起跑线上。其实，家庭教育很重要的一点是尊重孩子的成长和鼓励成长。是否给孩子报兴趣班，报什么兴趣班，要根据孩子的天赋和兴趣决定。每个孩子都具备某些天赋，也会对某些方面展现出兴趣，父母的作用就是发展孩子的天赋和兴趣，因材施教，助力孩子成长。

父母需要了解孩子的天赋，了解他们对什么方面感兴趣，然后根据孩子的天赋和兴趣制订计划，有针对性地培养孩子。起跑线很短，但人生很长，孩子才是自己人生的主角。尊重孩子，因材施教，孩子才不会被卷着往前走。

★ 父母如何减少教育焦虑

1. 发现孩子的天赋。人有八大智能天赋，包括语言智能、数学逻辑智能、空间智能、身体运动智能、音乐智能、人际智能、自我认知智能和自然认知智能，家长要观察和发现孩子的智能天赋在哪些方面，这样才能因材施教。

2. 根据孩子的兴趣进行个性化培养。父母不应该按照自己的想法培养孩子，而应该根据孩子的兴趣制订个性化的培养计划，有针对性地培养孩子的长项，让孩子通过学习发展出优秀的能力。

3. 注重孩子的实践和体验式学习。父母可以给孩子提供实践和体验式学习机会，让孩子在多样化的学习中学到更丰富、更有趣的知识和技能。比如，户外拓展活动、夏令营、研学旅行等。

4. 多肯定和鼓励孩子。孩子在成长的过程中，每天都会遇到各种各样的难题。此时，父母需要做的，就是与孩子一起面对，多肯定孩子的努力，多为孩子加油鼓劲，让孩子不怕困难，对学习充满自信。

5. 父母自身不断成长。教育的本身不仅仅是让孩子成长，父母也要不断成长。学习型父母才是智慧父母，才能培养出优秀的孩子。父母要不断探索教育之道，对孩子言传身教。父母要避免经常责备孩子，让孩子带着负罪感成长会影响孩子的心理健康，阻碍孩子未来的发展。

教育孩子的过程，就是一个静待花开的过程。家长要耐心地坚持，默默地付出，不怕孩子犯错，不对孩子失望。给孩子足够的信任，让孩子努力下去，孩子终会成长为一个优秀的人才。

第二章

8岁，外向进取，综合能力全面发展

8 岁的孩子生长发育和能力发展对照表

五大能区	孩子生长发育和能力发展的具体表现
大运动	对肢体大肌肉群的控制已经很好了，四肢的灵活性和协调性好了很多，身体动作相当流畅，喜欢奔跑、跳跃、追逐打闹，喜欢挑战性的活动，行动迅速。身体机能更健全，精力充沛，体能很好
精细动作	对精细小肌肉群（手指）的控制有了显著提升，能够熟练地使用一些工具从事粘贴、编织、剪纸等精工细作的手工制作，手眼配合更协调，使用文具更轻松熟练。视力发育已基本完成，正常视力能保持在 1.0 以上，视点从近处移到远处更容易，但从远处移到近处仍有困难
心智能力	时间观念增强，能更好地遵守时间。活动空间不断向外扩展，喜欢户外活动，常向往到远处去。开始关注自然万物的生老病死。喜欢角色扮演，偏爱创造性或智力性活动，比如搭建模型、做实验、玩电动玩具或智力游戏等
语言能力	口头表达能力进一步提升，热衷于聊天和集体活动。可以自主阅读，喜欢阅读经典儿童读物、幽默笑话、谜语、侦探及探险主题故事书、漫画等。开始写作文，初步展现出写作能力
情绪与社会行为能力	性格逐步外向，喜欢与自己感兴趣的人接触，能积极主动与人建立感情关系。不喜欢单独玩，喜欢与人一起玩，愿意参加一些社会活动，认识新朋友。喜欢被人关注。对大人的话题很感兴趣，对大人的人际关系也很好奇，关心爸爸妈妈之间的关系，会做出努力让家庭关系保持和谐

开朗自信，积极向外拓展

8岁的孩子四肢的灵活性和协调性好很多，一般风风火火、行动迅速，做事情的效率进一步提高。比如，他们走路变快、说话变快、写字变快。8岁的孩子通常能迅速地从一件事转向另一件事，兴趣爱好更广泛。他们时常精力充沛，充满活力，喜欢打打闹闹。

8岁的孩子往往性格外向、开朗大方，积极向外拓展，愿意接受各种挑战。他们时常会充满自信地与陌生人接触，主动与人交朋友。8岁之前的孩子一般只懂与他人建立浅显的玩伴关系，8岁的孩子开始懂得与他人建立深层的朋友关系。8岁的孩子往往很关心爸爸妈妈之间的关系，开始懂得充当调解员，化解爸爸妈妈之间的小矛盾。他们通常会绘声绘色地给家人分享自己的见闻，活跃家庭气氛。

★8 岁的孩子的身体、心理和行为特征

1. 身体机能更健全。8 岁的孩子身体综合素质有了很大进步，力量、灵活性和协调性都有很大提升，喜欢参加各种室内活动和户外活动。

2. 性格逐步外向。该阶段的孩子性格逐步外向，热爱探索，愿意接受一些挑战。该阶段是孩子学习各种技能、发展兴趣特长的大好时机。

3. 自主性和独立性更强。8 岁的孩子基本学会了照顾自己，会收拾房间、整理衣物、收拾个人卫生，具有了一定的家庭责任感和自立能力，期望得到更多自主权，并开始尝试自己做决定和独立解决问题。

4. 积极向外拓展。8 岁的孩子开始打开心扉，主动融入外部世界，积极向外拓展。他们很愿意参加各种社会交往，认识新朋友；能理解他人的情感和需求，会与同龄孩子合作、分享，会积极解决交往冲突。

★父母如何引领 8 岁的孩子成长

1. 支持孩子参加体育运动。8 岁的孩子正处于长身体和发展运动能力时期，父母应支持孩子参加至少一项自己喜欢的体育运动并长期坚持下去，发展成自己的特长。比如，打篮球、踢足球、打乒乓球、游泳等。进行体育运动不仅能锻炼身体，磨炼意志，更能让孩子因为拥有特长而自信。

2. 给孩子更多自主权。8 岁的孩子往往渴望独立自主，父母要给予孩子更多自主权，让孩子自己做一些决策，承担一些责任，独立解决问题和面对挑战，从而培养孩子的独立自主精神。

3. 多与孩子沟通交流。父母应经常与孩子沟通交流，倾听孩子的想法和感受，了解孩子的内心需求，及时给予孩子帮助和引导，助力孩子不断成长。

4. 给孩子提供更多社交机会。父母可以多带孩子参加社交活动，让孩子学习与他人交流合作和解决冲突的技巧，提升孩子与其他人正确社交的能力。

8岁的孩子还小，需要父母多关心、理解和引导，帮助孩子化解难题，学习本领，发展兴趣爱好，学会社交，提升综合素质。

心智发展更成熟，热爱思考和解决问题

8岁的孩子思考能力和独立解决问题的能力正在快速发展，时常喜欢主动去挑战有难度的事情，主动去解决学习和生活中的难题。一般，在他们看来，没有他们克服不了的困难、完不成的任务。

8岁的孩子开始理解抽象概念，思维能力日益发展，能够进行比较复杂的逻辑思考、分析和推理。该阶段是学习知识和培养各项能力的大好时机，父母要抓住时机培养孩子。

逻辑思维游戏

我们来玩这个游戏吧。
9个球中，8个球重量相同，1个球更重。将球放在天平上称，最少称几次能找出那个更重的球？
你思考一下，最少称几次可以找出那个更重的球。
我思考了一下，最少称一次能找出那个更重的球。
说说你的思路。
天平的每一边上放4个球，如果两边一样重，外面那一个就是更重的那个球。
真棒，你已经会排除法了，你的想法很对。那最多称几次能找出那个球呢？
我想想。最多3次。

★8 岁的孩子的心智发展特征

1. 心智发展得更成熟。7 岁的孩子往往担心很多，爱往坏的结果想；而8岁的孩子从容貌到内心都开始表现出大孩子的样子，较为成熟自信。8 岁的孩子会关注并思考各种生命现象，例如植物的生根发芽、开花结果，动物的出生成长，人的生老病死等，思考得更有深度，心智更成熟。

2. 充满好奇心和求知欲。8 岁的孩子时常对世界充满好奇心，喜欢探索和创新，对新知识充满兴趣，爱提各种问题，该阶段是培养兴趣特长的大好时机。

3. 自我意识不断增强。8 岁的孩子通常能够进行自我评估和判断自己的行为的对错，也能够从别人的评价里判断自己行为的对错，并做出调整。

4. 喜欢不断扩大活动范围，探索新领域。8 岁的孩子通常开始尝试自己乘坐公共交通回家或到同学家串门等。他们对生活社区周围有探索欲，爱参观博物馆、科技馆、植物园，不断拓展自己的活动范围。

8 岁的孩子已经具备全面发展的条件，父母可以有计划地培养孩子，让孩子得到全面发展。

★ 父母应该如何培养孩子的各项能力

1. 发展孩子的兴趣特长。父母应把孩子充沛的精力引导向发展兴趣特长的方面，比如游泳、打篮球、踢足球、弹钢琴、拉小提琴、唱歌、跳舞、绘画等，使孩子经过系统学习，拥有一项或多项特长，为未来发展打好基础。

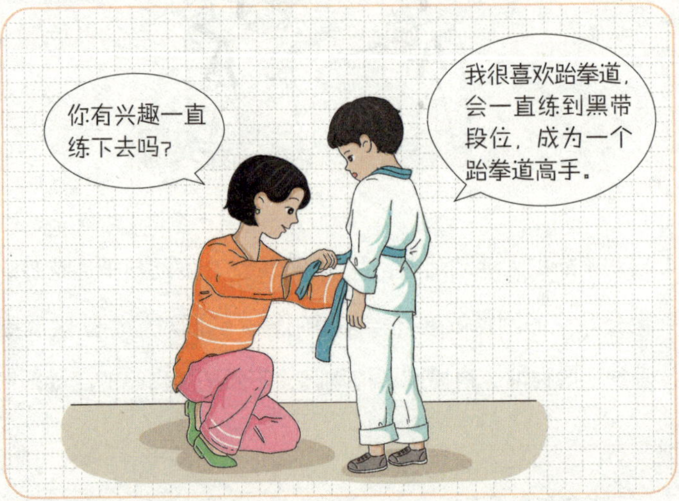

2. 培养孩子的观察分析能力。父母应带领孩子玩各种智力游戏，比如找不同、物品分类、走迷宫、积木拼图、模仿游戏、野外观察等，培养孩子的观察分析能力。观察分析是认知发展的基础、创造力发展的源泉、学习的重要途径、解决问题的关键手段，父母要注重孩子观察分析能力的培养。当孩子擅长观察分析时，就拥有了学习各种知识和技能的重要本领。

3. 发展孩子的想象能力。父母可以陪孩子一起创作故事、绘画、做手工，制作思维导图，阅读科幻书籍，参加培养想象力的各种实践和体验活动，听音乐会，玩智力游戏，等等，丰富孩子的想象力。丰富的想象力不仅能让孩子头脑更灵活，善于思考和解决问题，更能让孩子的内心世界丰富多彩，更加热爱学习和生活。

4. 培养孩子的思维能力。父母可以陪孩子玩各种棋类游戏、解谜游戏、数独和逻辑思维游戏等，培养孩子的思维能力。思维能力强的孩子更容易理解和掌握所学知识，找到解决问题的答案，更喜欢自主学习，接受挑战。

5. 激发孩子的创造能力。父母可以带孩子参加手工制作、画画、科技创新竞赛、编程、编故事、写小作文、表演节目等创造性活动，激发孩子的创造力。具有创造力的孩子思维更开阔，善于解决复杂的问题，在未来更容易成为创新型人才。

6. 发展孩子的社交能力。这一时期的孩子更加喜欢社交，父母要给孩子提供更多社交机会，比如组织家庭聚会、邀请孩子的同学到家里玩、让孩子参加团队活动等，培养孩子的交际能力。交际能力是孩子必备的一项能力。

8 岁时，孩子已经初步适应了小学生活，具备了一定的自我管理能力，精力充沛，热情好学。该阶段正是培养各项能力的好时机，父母应抓住这个黄金阶段，及时培养孩子的各项能力，为孩子打好底层基础，使孩子具备自主学习能力。

智力发展黄金期，多方面发展认知能力

认知能力是大脑加工、储存和提取信息的能力，例如感知、观察、记忆、数学思维、语言表达、空间思维和解决问题等能力。这些认知能力相互关联，共同影响孩子对世界的认知和理解，影响着孩子学习、思考和为人处事。

8岁孩子的认知能力在多个方面都有显著提高，展示出相对成熟的思维方式和解决问题的能力。观察力和记忆力也得到了增强，数学思维、语言表达能力也在不断发展。

这个阶段的孩子正处于发展认知能力的关键时期，父母要多带孩子进行探索实践，拓展孩子的认知范围，为孩子认知能力的发展打好基础。

父母要帮助孩子发展哪些认知能力

1. 提升孩子的感知能力。父母应根据孩子的天赋所在发展其兴趣爱好，如唱歌、跳舞、体育运动等，让孩子通过发展兴趣爱好提升感知能力，反应更敏锐。

2. 提升孩子的记忆能力。父母应教给孩子一些记忆方法，例如理解记忆、分段背诵、把关键词制成思维导图等，提升孩子的记忆能力。

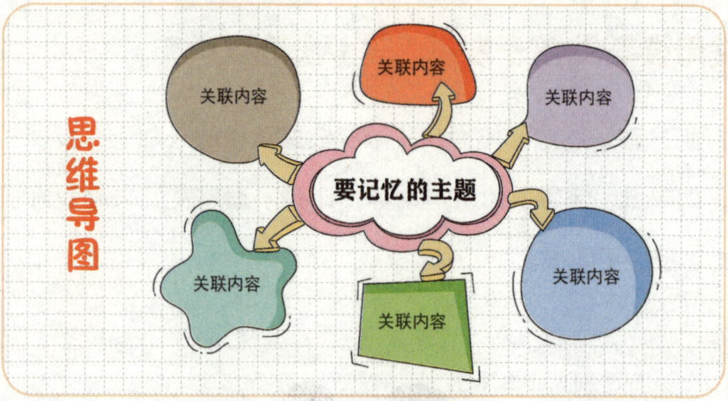

3. 培养孩子的数学思维能力。父母可以通过让孩子玩数学益智游戏，如数独、找规律、图形拼接、分类组合、宾果游戏、推理游戏等，提升孩子的理解能力、逻辑思维能力和解决问题的能力。

玩数学益智游戏时需要注意、观察、想象、思考、记忆通力合作解决问题，这种训练不仅可以拓展孩子思维的广度和深度，使孩子看问题更全面、更深刻，而且能让孩子的逻辑思维能力和推理能力等优于他人。

4. 提升孩子的语言表达能力。父母应鼓励孩子广泛阅读，包括阅读故事书、百科全书、科普图书，以及中外历史、世界地理等方面的图书，拓宽孩子的知识面，提升孩子的语言表达能力。

5. 提升孩子的空间思维能力。父母可以使用地图、模型等工具，帮助孩子理解方向概念和位置关系，提升孩子的空间思维能力。

6. 培养孩子解决问题的能力。父母应经常跟孩子讨论问题，引导孩子分析问题、提出解决方案，在实践中解决问题。

8岁的孩子处于智力发展的黄金期，是学习各种知识和本领、全面提升认知能力的重要时期。父母要足够重视这个阶段，给孩子提供丰富的学习机会，让孩子在探索实践中不断提升认知能力，助力孩子的学业进步。

观察是认知的基础，要注重培养孩子的观察力

8岁的孩子往往好奇心强，喜欢探索，该阶段正是培养孩子观察能力的好时机。父母可以周末带孩子走进大自然，如爬山、逛公园、远足、采摘果实、采集植物标本等，在大自然中观察植物生长、四季变化。父母还可以给孩子提供观察设备，比如望远镜、显微镜、放大镜、照相机等，让孩子通过观察了解科学现象及其背后的规律。

观察力是一种综合性认知能力，对孩子的学习起着重要的作用。孩子通过观察，能够认识事物的特征，从而更好地理解事物，发现问题，识别出解决问题的关键信息，找到解决问题的途径。所以，父母要注重培养孩子的观察能力。

★ 培养孩子的观察力有哪些好处

1. 有助于信息获取。孩子通过观察，能够认识事物的特征，收集到有用的信息，从而更有效地理解所学知识，提高学习效果和学习质量。

2. 加深对知识的理解和记忆。孩子通过观察周围的事物，调动所学知识进行分析，从而加深对所学知识的理解和记忆。

3. 提升解决问题的能力。良好的观察力有助于培养孩子解决问题的能力。孩子通过观察，发现问题所在，有针对性地找到解决问题的方案，从而提升解决问题的能力。

4. 提升学习时的专注力。观察时需要高度集中注意力，这可以让孩子养成专注习惯，提升学习时的专注力。

5. 激发创造性思维。孩子在观察的过程中，会发现不同事物之间的联系，认识到这些现象背后的规律，从而激发自己的创造性思维，更灵活地思考问题，找到解决问题的方案。

6. 有助于孩子进行自我保护。观察力使孩子能够识别周围潜在的危险，进而规避危险，更好地保护自己。

观察力不仅是学习知识的基础能力，更是孩子提升认知的重要因素。在日常生活中，父母要教孩子养成观察的习惯，要经常带孩子走进大自然，比如爬山、远足、逛公园，在大自然中锻炼观察能力。父母还可以给孩子提供观察设备，助力孩子观察事物，培养观察力。

培养孩子观察力的游戏

1. 找不同游戏。提供两张或多张相似但有微小差异的图片，让孩子找出它们的不同之处。这可以锻炼孩子对细节的观察力。

2. 拼图游戏。拼图游戏要求孩子仔细观察示意图和碎片并将碎片正确地拼合在一起。这有助于培养孩子对整体和局部的观察力。

3. 记忆卡片游戏。展示记忆卡片的正面，让孩子记住卡片上的内容，然后翻转卡片至背面（背面部分内容设空），让孩子说出匹配的内容。这有助于提高孩子对细节的观察力。

4. 迷宫游戏。提供迷宫游戏图，让孩子找到正确的路径。这有助于培养孩子对方向和空间关系的观察能力。

想象是创造的基础，激发孩子的想象力

8岁的孩子一般已经展现出对抽象概念和虚构世界的兴趣，具备丰富的想象力，会虚构出奇幻的故事，想象自己是超级英雄，参与到奇妙的冒险中。孩子在这种超越现实的想象中，会不断跳出现实世界，构想出尚不存在的事物和情境，想象大胆而新颖。

创造离不开想象，想象是创造的先导，是从模仿到创造的阶梯。8岁是培养创新思维的黄金期，丰富孩子的想象力，孩子的思维就会更开阔，创造力就能得到更好的发展。

为什么要发展孩子的想象能力？

1. 能激发创新思维和创造力。想象力能够激发孩子的创新意识，促进孩子形成创新思维，进而产生创造力。

2. 富有创意地解决问题。孩子通过构想各种可能性，能够发现与众不同的解决问题的途径和策略，从而富有创意地解决面临的问题。

3. 丰富孩子的想象世界。想象力让孩子拥有丰富的内心世界、愉悦的心境，从而把生活过得充满创意和乐趣。

4. 提高学习效率。想象力让孩子更有悟性，能将抽象的概念转化为具象的事物，更容易理解和掌握所学知识。

父母应如何发展孩子的想象力

1. 故事创作。父母应鼓励孩子编写故事，无论是虚构的、科幻的，还是反映日常生活的，都可以。孩子在创作的过程中会不断发展想象力。

2. 玩想象力游戏。父母可以让孩子玩一些专门用于培养想象力的游戏，如谜题游戏、脑筋急转弯、剪纸、手指画、看图说话等，来激发孩子的想象力。

3. 广泛读书。父母应鼓励孩子广泛阅读书籍，书中最好有富有创意和幻想元素的故事，以激发孩子的想象力。

4. 发展空间思维。父母可以给孩子提供各种搭建和拼装的玩具模型，让孩子通过搭建和拼装自己想象的物体来发展空间思维，进而提升想象力。

通过这些方法，孩子可以在各种情境中培养和发展自己的想象力，从而更好地应对复杂的问题和充满创造性的挑战。

思考是学习的核心要素，要培养孩子的思考能力

8岁的孩子通常能够通过实例理解抽象的概念和因果关系，通过推理解答比较复杂的问题，展现出比较成熟的逻辑思维能力。

在这个时期，父母可以经常给孩子提一些有一定难度的问题，启发孩子进行思考，让孩子做思维训练，带孩子参加创造性活动，在实践中训练孩子的思考能力。

培养孩子思考能力的重要性

序号	培养孩子思考能力的重要性
1	思考能力强的孩子头脑更灵活，遇到问题更容易找到解决方案
2	良好的思考能力能使孩子更容易多角度思考问题，激发孩子的创造性
3	思考能力有助于孩子理清思路，分析整合信息，进行逻辑推理，做出正确决定
4	思考能力强的孩子爱主动探索新知识，解决学习中遇到的问题，取得优异成绩
5	良好的思考能力有助于孩子理解他人的想法，建立良好的人际关系
6	思考能力强的孩子善于独立思考，能够应对各种挑战，不怕学习难题

★ 父母如何锻炼孩子的思考能力

1. 给孩子提具有挑战性的问题。父母应经常给孩子提一些有挑战性的问题，让孩子进行独立思考，锻炼孩子的思考能力。

2. 带孩子做思维训练。父母应引导孩子玩逻辑思维游戏，进行逻辑推理和思维训练，锻炼其思考能力。

3. 教给孩子解决问题的方法。父母应教给孩子一些解决问题的方法，例如分析问题的要素、分步解决问题，培养孩子的思考能力。

4. 鼓励孩子多角度思考问题。父母应鼓励孩子从不同的角度看问题，学会多元化思考，全面解决问题。

5. 鼓励孩子参加创造性活动。父母应鼓励孩子参加创造性活动，例如陶艺制作、“变废为宝”、创意绘画等，培养孩子的思考能力。

6. 经常与孩子沟通交流。父母应经常与孩子沟通交流，在思维碰撞中点亮孩子的思维盲区，让孩子学会多角度思考、系统思考。

可以训练孩子思考能力的游戏

序号	游戏种类	作用
1	棋类游戏	飞行棋、五子棋、象棋、围棋等棋类游戏能够锻炼孩子的分析判断能力、布局能力和决策能力
2	解谜游戏	解谜游戏可以让孩子通过思考和分析找到谜底或正确答案，提升孩子解决问题的能力
3	思维训练游戏	数独、魔方等思维训练游戏，可以帮助孩子提升注意力、记忆力和逻辑思维能力
4	战略游戏	真人 CS、编程游戏等战略游戏可以锻炼孩子的战略能力和决策能力，培养孩子的思维能力和计划能力

非智力因素是成长的内生动力，不可忽视

在孩子的成长过程中，父母不仅要重视他们的智力因素的培养，还要重视他们的非智力因素的培养。非智力因素是不直接参与认知过程的心理因素，分为三个层级：第一个层级包括理想、信念、世界观，对学习活动具有广泛的制约作用；第二个层级包括需要、兴趣、动机、情感、意志、性格等，对学习活动产生直接影响；第三个层级包括自制力、顽强性、荣誉感、学习热情、求知欲等，与学习活动有直接关系。

非智力因素是孩子成长进步的内生动力，驱动着智力因素的发展，与智力因素共同塑造着孩子的个性和行为，影响着孩子的整体成长和成功，与智力因素同等重要。父母需要重视孩子非智力因素的培养。

非智力因素对孩子的全面发展至关重要，不仅影响他们的学业成绩，还会影响其心理健康、社交能力和未来发展。父母需要重视孩子非智力因素的培养，帮助他们成长为坚韧、自信和全面发展的人。

如何培养孩子的非智力因素

1. 提供和谐温馨的家庭环境。家庭是发展孩子情感和性格的首要场所，父母要管理好自己的情绪，给孩子营造一个和谐温馨的家庭环境，让孩子从小建立起积极的情绪模式和思维方式，为一生的发展打好心理基础。

2. 帮助孩子从小树立梦想。父母应多给孩子讲名人故事，让孩子从小树立梦想，用梦想驱动自己，激发学习动机和学习热情，主动学习知识和本领。

3. 激发和支持孩子的学习兴趣。对于孩子感兴趣的事情，只要是有益于孩子成长的，父母都要积极支持。对于孩子不感兴趣但有益的事情，父母要通过带孩子参加实践性学习，培养孩子的学习兴趣和成就感，激发他们的求知欲。

4. 设定合理的期望和目标。父母对孩子的期望要与孩子的能力相匹配，应是孩子经过努力可以实现的。父母应与孩子一起设定目标且设定的目标是孩子经过努力就能达到的，这样的目标能够激发孩子的进取心，让孩子想通过努力实现自己的价值，证明自己。

5. 培养孩子的意志力。父母应带孩子做家务、参加体育运动、爬山、远足等，在实践中培养孩子克服困难的勇气，锻炼孩子坚韧不拔的意志力。这些能让孩子直面困难和压力，克服内心的懦弱和惰性，变得勇敢、积极。

6. 塑造孩子良好的性格。在日常生活中父母应通过言传身教，教导孩子善良、诚信、包容、尊重他人、乐于助人、遇到事情积极面对，从而使孩子塑造出良好的性格和健全的人格。

培养孩子的非智力因素需要父母以身作则、率先垂范，使孩子不断内生出积极向上的心理力量，不断驱动自我，超越自我。

建立健康的亲子关系，陪孩子走过情感依恋期

8岁的孩子往往既依恋父母，渴望父母的关注，又会因亲子关系中的一些小事而抵触父母，他们对父母期待很多，要求很多。

为了满足8岁孩子的亲情需求，父母需要付出更多时间和精力陪伴孩子，关心孩子。如果孩子8岁时与父母关系良好，9岁时孩子就会主动与父母建立良好的关系。若孩子8岁时没有处理好与父母的关系，没有与父母建立好情感连接，就会影响孩子9岁时亲子关系的建立。

8 岁的孩子与父母关系的心理特征

1. 认为父母应该最在乎自己。8 岁的孩子想让父母做他们希望父母做的事情，他们认为父母应该知道他们需要什么并及时为他们准备，他们认为父母应该最在乎自己。

2. 很在乎父母对他们的评价。他们认为父母应该知道自己做的一些事，所以他们会主动将这些事做好并期待父母夸他们。如果父母没有关心这件事，没有夸他们，他们就会非常失落。他们心里非常需要父母的关心，很在乎父母对他们的评价。

3. 有时候会比以前更抵触父母。如果父母顺他们的心意，他们便愿意顺从父母，爱父母；反之，他们会在情绪上抵触父母，发脾气。这使得 8 岁的孩子与父母的关系忽冷忽热、忽近忽远。

★ 父母如何与 8 岁的孩子更好地相处

1. 每天花一段时间陪伴孩子。父母要每天安排一段时间陪伴孩子。在这段时间内，父母要全身心地投入陪伴中，陪孩子玩，陪孩子看书，陪孩子做事情，与孩子聊天，不做任何其他事情，让孩子知道你这一段时间只关心他。

2. 要经常与孩子交心。父母让孩子明白你很想多花时间陪他，但是自己要工作，要做家务，要尽很多责任，所以每天只能拿出一部分时间陪他。在这段时间你要与孩子交心，分享彼此的趣事、新鲜事等，了解孩子的喜怒哀乐，也让孩子了解你的动态与心情。

3. 利用孩子的情感依恋带领孩子做事情。8 岁的孩子虽然行动快，但是很多事情并不愿意主动做，因此父母可以带着孩子做事情。当孩子开始做事情时，父母就要少干预，让孩子自由发挥，按照他的想法去做。

4. 及时夸奖孩子。孩子很在意父母对自己的评价，做完事情很想让父母夸自己。所以，父母要及时表扬孩子，让孩子知道你关注他，并且欣赏他。

5. 夸孩子要符合实际。8岁的孩子已经能够对自己的行为进行评价，知道自己做事的效果。如果父母夸大其词，孩子就会认为父母不真诚，会生气和失落。所以父母对孩子的表扬要符合实际，让孩子知道自己是真的在关注他。

有的8岁的孩子会嫉妒父母关心弟弟或妹妹，对父母的忽视很敏感。所以，父母一定要重视孩子的感受，多关心他们，帮孩子顺利度过这段特殊时期，然后顺利走向独立。

第三章

9—10 岁，自控而独立，开始有计划地发展兴趣特长

9－10 岁的孩子 生长发育和能力发展对照表

五大能区	孩子生长发育和能力发展的具体表现
大运动	骨骼和肌肉发育得更结实，喜欢自己提东西证明自己强壮。精力旺盛，喜欢运动，对于自己喜欢的运动会全力以赴。肢体动作比以前更娴熟，对速度的把握能力和动作的协调能力都更好了
精细动作	手指更灵活，触感更灵敏，手眼的分工合作更协调，适合学习钢琴、小提琴、古筝等乐器。开始写连笔字，形成自己的字体风格。绘画细节处理得更细腻，能够学习素描了
心智能力	时间感和掌控能力提升，能够合理计划一天的时间。空间方向感有了长进，可以独立外出办事了。定睛瞩目机能到达新阶段，能够在环境中搜寻定位到要找的东西。抽象思维开始发展，喜欢搭建复杂的结构，组装复杂的积木。兴趣爱好有了很大的个体差异。有的很喜欢户外运动，例如球类运动、骑自行车、玩滑板、游泳、滑旱冰等，有的喜欢在家里做手工、看书、看动画片、组装模型、下棋等
语言能力	喜欢与人聊天，思维开阔。爱谈论各种话题，分享自己的想法，表达自己的感情。开始喜欢把自己的想法写进作文里，用语言表达自己的内心感受。喜欢推理、侦探、科幻、百科类图书，语言理解能力有了很大提升
情绪与社会行为能力	独立性增强，对父母感情依赖减少，更加懂得尊重长辈。朋友成为孩子世界的中心，他们忠于朋友，重视朋友的意见，积极与朋友建立良好的关系，有时会按照朋友的标准约束自己。做事情有时很执拗，如果没有做好会抱怨，影响情绪；乐于合作，容易相处，情绪来得快，消失得也快

三年级是小学阶段的分水岭，打好基础不掉队

9—10岁的孩子一般开始上三年级。三年级是小学阶段的中段，课程难度开始增加，知识量和作业量也明显增加。语文开始学习语句赏析和写作文，数学注重思考、理解和运算，对阅读理解能力弱和运算能力差的孩子构成挑战；英语的听说读写内容也明显增加，对英语语法和拼写方法的掌握程度不够的孩子构成挑战。

因此，三年级成为小学阶段的分水岭。一些以前学习不错的孩子，上三年级以后，成绩开始下降，与学习能力强的孩子拉开差距。有些父母会着急给孩子找补习班。其实，让孩子慢慢掌握学习方法，养成良好的学习习惯，孩子的学习成绩自然会提高。

为什么三年级会成为分水岭

1. 知识结构发生变化。一二年级学习的都是基础知识，比较简单。三年级的知识结构发生了变化，数学和语文的知识的难度与一二年级相比又上了一个台阶。

2. 学习方式发生变化。在一二年级时，因为知识点少，老师会把知识讲得很详细或者反复讲。进入三年级后，老师无法再把每个知识点都讲得很详细或者反复讲，如果孩子没有养成良好的学习习惯，做不到不懂就问，及时查漏补缺，就会感到力不从心。

3. 心理状态发生变化。三年级时，孩子的自尊心进一步加强，更加在意老师、同学或父母对自己的看法或评价，这些因素无形之中给孩子造成了心理压力。

父母如何帮助孩子打好学习基础

1. 培养孩子的阅读能力。阅读是学习语文的灵魂，也是提升孩子语言能力和文学素养的重要途径。三年级的孩子已经认识很多字，可以自主阅读了。父母要给孩子多提供一些中外儿童文学书、散文书、少儿百科等，让孩子大量阅读，扩大词汇量，了解语言结构，掌握记叙文、散文等的写作方法，学习如何记叙、描写和抒情等，从而不断提升孩子的写作能力。

2. 发展孩子的抽象思维能力。三年级的孩子抽象思维开始发展。抽象思维是学习数学所必需的，孩子想要学好数学，就要不断发展抽象思维能力。父母可以利用数学拼图、数学卡片游戏、数独九宫格等训练孩子的抽象思维能力。

3. 教给孩子学习方法。父母应教导孩子每天预习第二天的新课，梳理出重点和难点，到第二天上课时有重点地听讲。上课时注意力要集中，跟上老师的思路，认真听讲，积极思考，不懂就问，把问题在当天解决。要把重点和难点在课本上标注出来，便于课后复习。放学后先复习再做作业，遇到难题要回忆老师讲课的思路，然后通过独立思考解决问题。

4. 查缺补漏，打好基础。若孩子成绩下滑，父母要了解其中的原因，从而进行有针对性的查缺补漏。如果是因为学习难度增加，孩子不善于学习，就要从学习方法上多下功夫；如果是因为孩子上课喜欢开小差，不认真听讲，导致很多内容不会，就要查找孩子分神的原因，纠正孩子的习惯；如果是因为孩子理解能力差，就要多陪孩子做思维训练，提升孩子的思考理解能力。

9—10岁的孩子往往愿意把事情做好，愿意靠自己的努力去争取优胜，愿意不断超越自己的水平。所以，9—10岁的孩子是有拼搏精神的学生，9—10岁是提升学科基础的好时机，父母要善于鼓励引导，为以后的学习打好基础。

9 岁的孩子爱好广泛，发展兴趣特长正当时

不少孩子在4—5岁时就开始学习才艺，例如弹钢琴、画画、唱歌、跳舞等，但是很多孩子都没有坚持下来。根本原因是4—5岁的孩子兴趣不长久，专注力有限，自控力较差，很难长期坚持做一件事情。当兴趣转移了，就无心继续学习了。

9岁时，孩子对自己有了清醒的认知，知道自己喜欢什么，擅长什么，会发自内心地愿意学习才艺。同时，孩子的自控力、责任感和使命感都强了很多，会要求自己更加投入和努力，把事情做完整，做圆满。这种心理因素决定了孩子可以长久地学习才艺，发展兴趣特长了。

★9 岁的孩子的特点

1. 阅读兴趣浓厚。9 岁的孩子一般阅读兴趣浓厚，较为喜欢阅读推理、侦探、科幻类故事书和少儿百科全书以及童话故事书。他们会每天抽出时间来阅读，养成良好的阅读习惯。

2. 喜欢动脑的学习项目。9 岁的孩子通常喜欢钻研，对费脑的事情很感兴趣，喜欢看推理、科幻类图书，看科幻纪录片，自己动手组装玩具模型，下围棋，自己编故事，扮演角色，等等。

3. 手眼配合更加协调。手指更灵活，触感更灵敏，手眼的分工合作更加协调，很适合学习钢琴、小提琴、古筝等乐器。

4. 做事情更加投入和努力。做事情很卖力，玩耍起来很投入。特别对于自己感兴趣的事，能够尽心尽力。这些特性使孩子能够发展一些特长了，比如踢足球、打篮球、打乒乓球、弹钢琴、绘画等。

9岁孩子的兴趣爱好有了很大的个体差异。有的喜欢户外运动，例如打羽毛球、玩滑板、游泳、骑自行车、跳舞等，有的喜欢在家里做手工、看书、画画、组装模型、下棋等。无论孩子喜欢什么，一旦孩子选定了兴趣爱好，父母就应鼓励孩子坚持学下去。

★ 父母如何帮助孩子培养特长

1. 与孩子一起选择才艺方向。父母应根据孩子在日常活动中展现出的天赋，以及询问孩子的兴趣，找出适合孩子学习的才艺，与孩子一起来决定学习哪种才艺。

2. 提供资金和资源支持。孩子学习任何技能，都需要资金和资源支持。当孩子选择好要学习的才艺以后，父母要做好家庭规划，为孩子提供资金支持，请专业的老师指导孩子学习。老师的经验、耐心、责任心、教学风格都是父母找老师时要考虑的。

3. 给孩子购买精品书籍。爱阅读的孩子自然知识面广。如果孩子不喜欢阅读，那么父母可以通过陪伴阅读培养孩子的阅读兴趣。阅读能提升孩子的认知能力、理解能力、语言能力，扩充孩子的知识储备，进一步开阔视野，拓展思维能力，为孩子发展特长奠定基础。

4. 用肯定和激励给孩子输送能量。孩子学习任何技能，都会因长期训练而厌烦，会出现放弃的心理。这时父母需要对孩子多加以肯定和鼓励，激励孩子不断学下去。

培养孩子的兴趣和特长是一个长期的过程，需要父母的耐心和坚持。父母的坚持也是孩子学好一种技能的动力，有恒心的父母才能培养出优秀的孩子。

多件事情都重要，教孩子先做最重要的事情

9岁的孩子往往爱好广泛，喜欢做很多事情。对有的孩子来说，很多事情都很重要，都想做，每天的时间被各种事情安排得满满的。因此，时间总是不够用，事情总做不完。

因此，父母要教孩子学习时间管理，把每天的事情按照重要程度排序。重要且紧急的事情先做，不重要且不紧急的事情后做，有序做事情，从小学做时间的主人。

父母如何教孩子管理时间

1. 把每天要做的事情进行分类。父母应教导孩子把每天要做的事情分类，分出哪些事情是重要的，哪些事情是不重要的；哪些事情是紧急的，哪些事情是不紧急的，按照轻重缓急将事情分成四类：第一类属于重要且紧急的事情；第二类属于重要但不紧急的事情；第三类属于不重要但紧急的事情；第四类属于不重要且不紧急的事情。

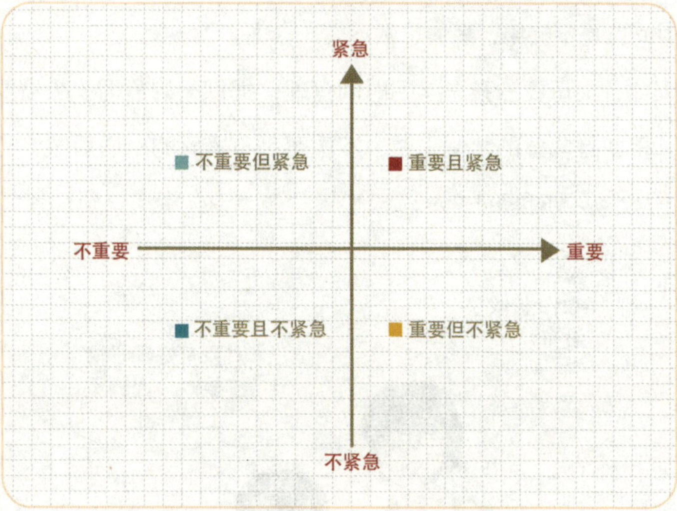

2. 优先做重要且紧急的事情。父母应教导孩子将事情分完类后，优先做第一、二类事情，再做第三类事情，最后做第四类事情。永远先做重要且紧急的事情，这样重要的事情就不会被耽误，时间就能够得到合理利用。

3. 教导孩子分解任务。父母应教导孩子将大任务分解为小任务，分段完成任务。这样可以避免孩子因任务过重而产生心理压力。

4. 教孩子合理分配时间。孩子每天放学后的时间有限，父母应教孩子把时间进行合理分配，安排好学习时间和玩耍时间。这样，孩子便能在学习时间里集中精力高效学习，在玩耍时间里开心地玩耍。

父母首先自己要管理好时间，才能为孩子作出表率。孩子在一个自律的家庭里成长，自然也容易成为自律的孩子。

不再事事依赖父母，趁机放手让孩子学着独立

9岁的孩子开始独立自主，不再事事依赖父母，不想让父母时常监督自己。他们想按照自己的意愿玩耍，按照自己的想法做事，希望有更多的私人空间。

9岁的孩子对自己要求更严格，做事更加执着，能够认真地把一件事情做好，承担起一定的责任。父母要了解这一时期孩子的心理特点，趁机放手，让孩子学着独立。

9 岁的孩子开始独立的具体表现

1. 较少纠缠父母。9 岁的孩子跟父母之间的纠葛减少了，对父母的依赖性减轻。他们每天忙着自己的事情，有时都顾不上理睬父母。

2. 对自己有一个比较准确的评价。9 岁的孩子能够对自己作出公正的判断，也会作出自我批评，比如：“妈妈，我这次比较粗心，以后会注意改正的。”

3. 做事情专注认真，精益求精。9 岁的孩子做起事情来更加专注认真、精益求精，重视每一个细节，不满意不罢休。该时期是一个待人处事相对细心的时期。

4. 开始规划自己的未来。9 岁的孩子已经有很好的自律性，开始关注自己的未来会是什么样子，会在心里树立梦想，做出详细且可行的计划，用行动去实现梦想。

★父母应该如何支持孩子走向独立

1. 学会放手，让孩子自己做事。孩子走向独立时，父母要学会后退一步，少插手孩子的事务，让孩子自己做事。孩子也许做得不够完美，但是做得多了，就会越做越好。

2. 让孩子承担一定的责任。父母应让孩子负责一些事务，承担一定的责任，在实践中锻炼独当一面的能力。当孩子经历的事情多了，遇到很多情况，都知道该怎么应对和处理了。

3. 鼓励孩子遇到问题时先独立思考。父母应鼓励孩子在遇到问题时先独立思考，多角度寻找解决问题的突破口。孩子一旦养成了解决问题的习惯，就不会总想着依赖别人，解决问题的能力也就提高了。

4. 强化孩子的积极行为。父母应鼓励孩子积极探索和尝试，让孩子不要害怕出错，在试错、纠错中成长。多肯定孩子的努力，不断强化孩子的积极行为，让孩子自信地做事情。

10岁的孩子积极向上，乐于尝试新鲜事物

10岁的孩子一般胸怀更开阔，对人更友善，心态更积极向上。他们往往崇拜爸爸妈妈，尊敬老师，喜欢与周围的亲朋好友相处，不容易多愁善感，处于一个相对知足的年龄。

10岁的孩子走到了一个非常自信的快乐阶段。他们通常兴趣广泛，积极向上，乐于尝试新鲜事物；能够专注于每一件事情，把事情做完，做到让人满意，处于一个比较让人省心的年龄。

★10 岁的孩子的心理、认知和人际关系特征

1. 自我意识增强。10 岁孩子的自我意识逐渐增强，不再轻易认同父母和老师，有了自己独立的想法。他们有时会对父母和老师的观点提出质疑，在行为上表现出特立独行的特点。

2. 分辨力长足进步。10 岁的孩子已经掌握了很多知识，知识面宽了很多，对世界和自我有了很多认知，分辨能力有了长足进步，能够分辨出事情的好坏对错，处于道德感和价值观初步形成的时期。

3. 乐于挑战。10 岁的孩子兴趣更加广泛，积极向上，乐于挑战；做事情专注认真，会尽心尽力做到让人满意。该阶段是鼓励孩子探索实践，发展兴趣爱好的好时机。

4. 与父母关系和谐。10 岁的孩子一般最爱的人是自己的父母，很少质疑父母，和父母相处得十分融洽，认为父母说的话就是“圣旨”。他们喜欢与父母聊天，与父母无话不谈，像密友一样信赖父母，喜欢与父母一起共享团聚时光。

父母应该如何陪伴孩子健康成长

1. 以尊重的心态对待孩子展示独立个性。10 岁的孩子已经开始独立思考，追求独立个性，具体表现在穿衣打扮、行为等方面。父母要以尊重的心态对待孩子的成长表现，只要是合理合规的就不干预，让孩子尽情地发展自己的个性。

2. 帮孩子树立正确的三观。10 岁的孩子正处于三观建立时期，父母要成为孩子的榜样和引导者，通过榜样示范作用和开放、坦诚的交流，引导孩子用善良的心看待世界，理解世界的和而不同，让孩子学会尊重他人、包容不同、勇于承担责任，正确看待自己的价值，建立正确的世界观、人生观和价值观。

3. 多陪孩子出去增长见识。父母要多陪孩子去参观博物馆、美术馆、科技馆、动物园、传统手工艺工作坊等，让孩子在探索实践中开阔眼界，增长见识，提升认知，发展各种能力。父母应根据孩子的兴趣爱好进行针对性培养，使孩子拥有自己的特长。

4. 多肯定和鼓励孩子。10 岁的孩子认知能力和分辨能力进一步提高，自尊心也很强，父母要多肯定和鼓励孩子，使孩子充满自信，勇于学习探索，不断提升学业成绩和各项能力。

朋友成为世界中心，交友方法很重要

10岁的孩子往往不再过度依恋父母，感情重心由妈妈转向朋友。朋友在孩子的生活中扮演着重要的角色，成为孩子世界的中心。孩子重视朋友的意见，努力与朋友建立良好的关系，有时会按照朋友的标准约束自己，期待得到朋友的认可和接纳。

10岁的孩子通常已经掌握了与人交往的基本技巧，热情好客，喜欢带好朋友到家里来玩，一起看书、做作业、玩游戏等。他们很享受与好朋友在一起的时光，一起创造快乐，分享快乐。父母可适度关注孩子的朋友圈，为孩子把好关，助力孩子交到合适的朋友，但不可过度干预。

★ 父母应该如何引导孩子更好地交朋友

1. 了解孩子的朋友圈。父母应观察孩子与朋友相处的方式和互动情况，了解孩子的朋友的兴趣爱好和价值观，以便更好地支持孩子的社交关系。

2. 与孩子分享交友经验和方法。父母应与孩子分享交友的经验，让孩子遵守理解、尊重和包容的交友原则与人相处，使孩子更善于社交。

3. 帮孩子搭建社交平台。父母应经常组织家庭聚会，带孩子参加社会活动，让孩子多与人打交道，锻炼孩子待人接物的能力，让孩子有机会结识更多朋友，扩大朋友圈。

4. 帮助孩子化解冲突。如果孩子在交友过程中与朋友出现矛盾并且解决不了，父母要给孩子提供合理的建议，引导孩子和平解决冲突，帮助孩子建立珍贵的友谊。

5. 教给孩子与人相处的行为准则。比如：使用礼貌用语，不讲粗话；包容他人的小缺点，不斤斤计较；注重给予和分享，不要害怕吃亏；尊重他人的个性，学会适度的包容；真诚待人，不在背后议论他人；不搞恶作剧，不捉弄、嘲笑他人；多看他人的优点和长处，多欣赏和赞美他人；多理解他人，照顾他人的情绪。

情绪就像坐过山车，教孩子管理自己的情绪

9岁的孩子的自控能力还没有建立起来，还不能很好地管理自己的情绪，遇到糟糕情况仍然会吼叫、生闷气、找茬儿，但是不会像7—8岁时那么情绪化了。9岁的孩子宣泄情绪的程度弱了很多，也较少使用大动作宣泄情绪。

10岁的孩子较少陷入情绪困境中，实现了一定程度的蜕变，快乐、随和、放松、率真、友善，很容易满足，也很好相处。但是，有些10岁的孩子生起气来还是犹如火山爆发，又快又猛，情绪消失也很迅速，转眼就会雨过天晴。从9岁到10岁，爸爸妈妈要教孩子全面了解情绪，学习控制自己的情绪，合理表达自己的情绪，做自己情绪的主人。

★父母如何教孩子认识情绪

1. 我们为什么会有情绪

情绪是人类对外界事物刺激的表达。当人类的需要得到满足时，就会产生积极的情绪，比如高兴、喜悦、满足；当人类的需要得不到满足时，就会产生消极的情绪，比如失望、懊恼、生气。人类的需要总是多种多样的，因此情绪也是多种多样的。

2. 情绪是从哪里产生的

在神经科学领域，保罗·麦克莱恩提出的三位一体脑结构理论，将人类的脑组织分成三个部分：爬虫脑、哺乳动物脑、大脑新皮层。

爬虫脑又称为本能脑，在脑袋最里面，对应着脑干和小脑，连接着脊椎根部，负责控制本能行为和生存功能，比如呼吸、心跳、血压、睡眠、血液循环，不用意识参与进去。

哺乳动物脑又称为情绪脑，在脑袋中间，对应着丘脑、杏仁核、海马体等边缘系统，负责感知、记忆和情绪。其中杏仁核负责制造情绪并产生与之相关的记忆。

大脑新皮层又称为理性脑，在脑部的最外层，主管着高级思维活动。大脑新皮层占总脑容量的三分之二，分为左脑和右脑两部分。其中，前额叶是大脑新皮层的“司令部”，不但控制着高级认知功能，还负责管理情绪和行为。而前额叶要到23岁左右才能发育成熟。所以，孩子在成长过程中会出现情绪波动，是很正常的现象。

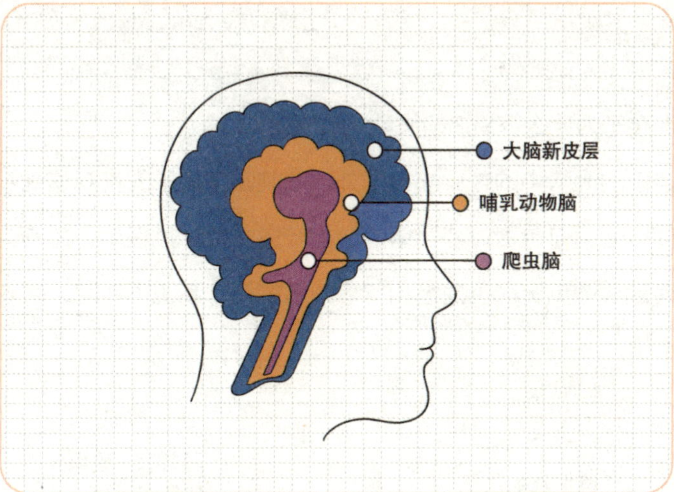

3. 情绪分为八种基本类型

情绪分为八种基本类型，分别为快乐、愤怒、悲伤、恐惧、爱意、惊讶、厌恶、羞耻，每一种类型又细分为四种形式。这八种基本情绪类型，除了快乐、爱意属于积极情绪，惊讶属于中性情绪，其他五种都属于消极情绪。

情绪的类型及形式

情绪的基本类型	情绪的形式
快乐	愉快、满足、开心、兴奋
愤怒	委屈、生气、对抗、暴怒
悲伤	沮丧、抑郁、痛苦、绝望
恐惧	紧张、担心、害怕、慌乱
爱意	友善、慈悲、喜欢、热爱
惊讶	好奇、惊疑、吃惊、震惊
厌恶	不悦、讨厌、厌恶、痛恨
羞耻	害羞、自卑、内疚、惭愧

4. 孩子为什么容易情绪波动

孩子的大脑中的杏仁核根据外部的刺激和孩子的直观感受不断产生各种情绪，但负责管理情绪的前额叶还在发育过程中，还不完善，这就导致孩子负责产生情绪和管理情绪的两个系统不匹配，很容易受情绪影响。

5. 孩子情绪经常受哪些因素影响

（1）人体生物钟的影响。每个人身体内有一个生物钟，它调节着身体的节律，使身心保持在一个相对平衡的状态。如果生物钟紊乱了，情绪就会受影响。

（2）天气变化的影响。阴雨天气容易导致人们烦躁不安，情绪低落；晴朗天气会让人心情很好。

（3）不良生活习惯的影响。睡眠不足，大脑疲劳，会使大脑多巴胺分泌不足，人会变得情绪低落。

（4）突发事件的影响。生活中发生的意料之外的事情，多少都会引起人们的情绪波动。

（5）激素水平的影响。孩子在和顺期与不和顺期，体内激素水平会发生变动，会刺激交感神经，从而引起情绪波动。

教孩子理性表达和管理自己的情绪

1. 理智面对问题。一些孩子遇到麻烦事时很容易情绪激动，具体表现为哇哇大哭、吼叫、摔东西，甚至打人，但这样只会让问题更难解决。因此，父母应教孩子在遇到问题时克制冲动，先冷静下来，专注于事情本身，这样大脑才能想出好点子，从而解决问题。

2. 用积极的思维方式想问题。很多消极情绪都与思维方式有关。当孩子把自己设定为受伤害的对象时，就会产生生气、委屈等消极情绪。父母应教导孩子转换一下思维方式，换个角度看问题，换个心境想问题，试着理解对方为什么要这么做时，就能够改变自己的心情，让自己开心起来。

3. 用心理暗示消除紧张情绪。所有的紧张情绪都是因为孩子在心里假设了很坏的结果，并且害怕面对这个结果。父母应教导孩子换一个角度想，自己只要尽力而为，即使失败了，也没有遗憾，想通了，内心就能安定下来，紧张情绪就会消除很多。

4. 变换环境，转化情绪。如果孩子的消极情绪一直改变不了，父母可以建议孩子换换环境，通过转移注意力来转化情绪。具体方法：把目光移开，看向窗外或者远处空旷的地方；通过深呼吸来调整情绪，减轻心理压力；想一些开心的事情；通过听音乐把消极的情绪转化出去；出去运动一会儿，释放一下消极情绪。

5. 学会倾诉。父母应教导孩子把心里的烦恼说出来，向身边的人及时倾诉，让别人可以给他出主意、想办法，帮助他走出困境。

在孩子成长的过程中，父母要始终将孩子的心理健康放在重要地位，多关心孩子的情绪、心理，给孩子提供一个自由、宽松的成长环境，让孩子开心地学习知识和本领。

第四章

11—12岁 积极构建自我，为了梦想和目标而努力

11—12 岁的孩子 生长发育和能力发展对照表

五大能区	孩子生长发育和能力发展的具体表现
身体发育	身高快速增长，容貌开始发生变化，性别特征开始出现，如女生开始出现月经初潮，男生开始变声，男生和女生性别意识增强，关注的事物在很多方面开始变得不同
精细动作	11—12 岁时，孩子的定睛和聚焦能力更好。手指更灵活，手眼协调能力进一步发展。
心智能力	对新知识和新技能有强烈的求知欲，会主动进行探索性学习，拓展知识的深度和广度。能够跨学科学习并进行知识融合，认知能力有了显著提高，更能理解抽象概念，对复杂问题有更深入的思考，推理能力更强。在学业和兴趣爱好的时间安排方面平衡度更佳
语言能力	可以阅读长篇小说，写命题作文，用准确的语言表达自己的想法，善于聊天。开始表现出幽默感，知道语言既有沟通作用，也会造成人际矛盾，会根据自己的观察和分析判断别人的心理，知道哪些话可以说，哪些话不能说
情绪与社会行为能力	11—12 岁的孩子有时会以自我为中心，会与父母对着干，挑战父母的权威。但多数时候他们对父母友善、宽容，能与父母像朋友一样相处。能与老师像朋友一样讨论问题，师生关系顺畅。11—12 岁的孩子更重视朋友关系和自己在群体中的位置。受荷尔蒙激素水平提升的影响，情绪容易波动，也会面临更多的交际难题

11岁，根据兴趣爱好结交朋友，更加重视友谊

11岁的孩子会根据兴趣爱好结识伙伴，形成朋友关系。在这期间，孩子认识到朋友对自己的重要性，更加重视朋友，会花更多的时间和朋友们一起玩耍、交流和分享。他们也开始重视自己在群体中的地位和影响力，会通过发展兴趣特长、努力学习提升自己，以扩大自己的影响力。

这一时期是孩子社会化的重要阶段，他们通过与同伴的交往、互动、分享和合作，知道了要倾听别人的心声，理解和尊重别人，包容别人的缺点。他们更加懂得怎么赢得别人的理解和尊重。这些经验对孩子的情感发展和社会认同感的产生具有重要意义。

★ 11 岁的孩子的人际关系特征

1. 主动建立朋友关系。11岁的孩子的社交圈不再局限于家庭和熟悉的朋友，他们开始在学校和社区中寻找更多的交往机会，开始与兴趣爱好相同的人建立亲密关系，朋友圈不断扩大。

2. 更好地理解和尊重他人。11岁的孩子能够更好地理解他人的感受和需求，会关心和帮助他人，愿意与他人合作和分享，尊重他人的个性，并开始对自己、团队和家庭承担一定的责任。

3. 重视自己的影响力。孩子很重视自己在群体中的地位，并努力通过提升学习成绩、发展兴趣特长、改变自己的形象来扩大自己的影响力，改变自己在群体中的地位。

4. 社交问题会造成情绪波动。11岁的孩子偶尔会经历情绪的起伏，他们可能会因为社交问题感到困惑或沮丧，这会在一定程度上影响他们的人际关系。

父母如何有效地支持孩子的人际关系发展

1. 父母要经常与孩子沟通交流，了解孩子的人际关系情况并及时给予指导，使孩子的人际关系运行良好。如果孩子在学校被霸凌，父母要与孩子站在一起，做孩子坚强的后盾，给孩子提供坚定的支持，使问题得到解决。

2. 培养孩子的自信心。如果孩子不够自信，父母要通过肯定孩子的优点和能力，帮孩子建立起自信心，建立自我肯定感，从而使孩子敢于自信地表达自己，展示自己的能力，在人际关系中确立自己的位置。

3. 鼓励孩子结交新朋友。父母要支持孩子参加各种社团活动，在社团组织里结交新朋友，扩展社交圈，培养良好的人际关系。

4. 教给孩子社交技巧和沟通方法。父母要教孩子善于倾听别人的想法，理解别人的感受，适度尊重别人的意见和包容别人的缺点；与人相处时要善良、谦虚，同人交流时情绪要平和；自己有观点就大方表达，但也要适度容纳别人的不同意见；等等，从而帮助孩子提升交际能力。

5. 引导孩子有效地解决矛盾冲突。父母要告诉孩子，冲突是人际关系中常见的问题，遇到这种问题，要冷静分析。如果冲突是自己造成的，就要主动道歉，促成问题解决；如果冲突是对方造成的，就要主动与对方沟通，或者寻求父母和老师的帮助，争取解决问题。在解决冲突的过程中，要展示尊重、合作和友善的态度，这样有助于解决问题。

6. 建立家庭的支持系统。父母要为孩子提供一个温暖、安全的家庭环境。这样的家庭环境可以增强孩子的自信心，让孩子不怕被别人欺负，敢于面对人际关系中的挑战。

总之，父母要在孩子的人际关系中扮演积极的角色，经常提供支持和指导，帮助孩子建立健康、积极的人际关系，让孩子能够在社交中获得更多快乐。

12岁，能容忍别人不完美，人际关系更和谐

经过多变的11岁，12岁的孩子达到了一个新层次，自信、包容、知足。但是孩子在12岁时，通常面临小升初，因此内心并不轻松，会时常处于学习压力和生活压力中，内心存在一定程度的不安。12岁的孩子开始更多地从朋友那里找认同感和归属感。

12岁的孩子对自我有一个全新的认识，知道自己的长处和优点，也知道自己的短处和缺点。他们既不认为自己是完美的，也不指望别人是完美的。他们自信、自我满足、心态良好，很少会因小事而发脾气，不莽撞冲动，也很少诉诸武力，比较理智。

★12 岁的孩子的心理、情绪和人际关系

1. 自信、自我满足、心态良好。12 岁的孩子，一般对自我有一个全新认识，知道自己的优点和缺点，不苛责自己和别人，内心安宁，活泼开朗，富有幽默感，善解人意，容易相处；人际关系和谐，进入一个新的和顺期。

2. 与老师关系和谐。12 岁的孩子一般不一味地挑剔老师，更愿意与老师合作，认真听老师讲课，与老师讨论问题。他们在学习上不过度依赖老师，生活中也积极与老师成为好朋友，师生关系顺畅。

3. 与父母关系良好。12 岁的孩子多数时候尊重父母的意见，在乎父母的认可；对父母说话友善、耐心、宽容、理性，能听进去父母所讲的道理，不会任性地对抗、争辩，还会主动帮父母做家务；不会盲目地崇拜父母，会评价父母的优缺点，与父母像朋友一样相处。

4. 与人相处圆润很多，朋友圈子更广。12 岁的孩子一般不再固执坚持某些想法，不再坚持非得做某件事情，也不再强调别人一定要按照他的要求来做事情，能够求同存异，愿意听从别人的意见，能够容忍别人的不完美，容许别人犯错误，不随意吹毛求疵、挑剔别人；朋友圈更广了，拥有一大帮朋友，经常三五个朋友结伴而行，关系融洽。

5. 认知和情感在不断发展和成熟。12 岁的孩子开始对自己和周围的世界进行更深层次的思考和理解，继续探索自我身份和形成自己的价值观，这些都促使孩子在认知和情感方面不断发展和成熟。

6. 开始思考未来的学业和职业规划。12 岁的孩子正在准备小升初，作业多，学习压力大，同时开始憧憬未来，开始对职业和人生目标进行初步认识和规划。

12岁的孩子就像一缕阳光，通常很温和、友善，情绪稳定，心态良好。他们能够管理自己的情绪，缓和矛盾，让事情有条不紊地进行。他们大多数时候很坚强、理性，能够克制自己的情绪。

★ 在孩子青春期，家长如何支持孩子健康成长

1. 在生活上放手。12 岁的孩子生活自理能力已经没有多大问题，父母要学会放手，让孩子自己去洗衣服，收拾房间，照顾自己，做个人形象管理。父母也可以把一部分家务交给孩子，让孩子承担一定的责任。父母手伸得太长，反而会不利于孩子的成长。

2. 多与孩子沟通交流。12 岁的孩子已经有很多自己的想法，也很需要与人沟通交流，父母无疑是孩子最好的交流伙伴。父母的人生经验、认知往往高于孩子，可以对孩子进行引导，包括世界观、人生观、价值观，都可以与孩子坦诚沟通交流。这样不仅能使亲子关系更加密切，还能对孩子的人生方向作出积极引领，让孩子减少迷茫，知道往哪里努力。

3. 多关心孩子的情绪和心理。12 岁的孩子刚进入青春前期，受荷尔蒙激素的影响，情绪容易波动，内心也比较敏感，父母要多观察和体谅孩子的情绪和心理，及时作出引导。父母跟孩子说话时不要信口开河，要经过思考，说出的话要有价值，对孩子要有启发和引领作用。

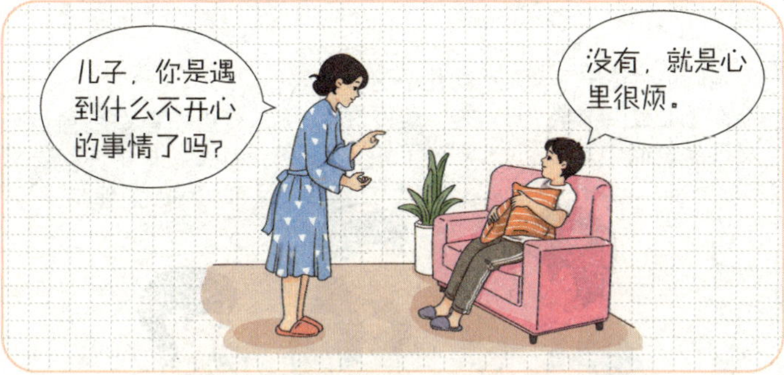

4. 多关心孩子的人际关系。12 岁的孩子可能会对异性产生好感，也可能会出现早恋现象。这时的孩子对感情很懵懂，也很执着，对方的态度会影响孩子的心情。父母要早发现、早引导，别让孩子因想不开而影响心情和学习。

5. 帮孩子做好学业规划。12 岁的孩子进入了人生的第一个重要阶段——小升初，父母要根据孩子的具体情况作出评估，与孩子进行讨论，比如，是奋战重点中学，还是普通中学，提前做好规划和准备。这样孩子才能够按照自己的目标努力。

11—12岁，进入青春期初期，开始构建自我身份认同

11—12岁的孩子开始摆脱儿童的影子，进入青春期初期。他们身体快速蹿高，性别特征开始显现：女孩子开始出现初潮，男孩子开始变声……伴随着身体体征的变化，孩子开始探索和思考自我身份认同："我今天的形象怎么样？""我用不用在意别人的评价？""我需要具备哪些能力证明自己？""我想成为什么样的人？"

在这个阶段，有些孩子会一味地把同学、朋友、父母和老师的评价当作改变的标准，而有些孩子会用特立独行的行为告诉父母和老师自我的评价才是标准。这两种类型的孩子都还没有构建起正确的自我身份认同。

自我身份认同构建是一个动态、持续的过程，需要同学、朋友、父母、老师协助孩子不断探索，才能最终确认。

★11—12 岁的孩子在建构自我身份认同方面的具体表现

1. 身体发育和性别特征的出现，会给11—12岁的孩子带来一些困扰，让他们对自己的形象很在意。他们会通过穿衣打扮、言行举止来表达自己独特的个性和身份认同。

2. 荷尔蒙激素水平的提升，使11—12岁的孩子的情绪很容易波动，内心也变得很敏感。这个阶段的孩子，内心世界丰富、思维活跃，但也容易猜测、怀疑他人，甚至会进行自我否定。

3. 11—12岁的孩子一般会将学业成就和个人才艺视为塑造自我身份认同的重要因素。他们会努力取得好成绩，取得奖项和认可，以展示自己的能力和价值。

4. 11—12岁的孩子通常独立意识增强，想拥有独立的空间，在一些事情上想要自己做主。他们偶尔会与父母对着干，通过挑战父母来加强自己的身份认同。

7—12岁的孩子有时好战、好强、好辩，从语言到行动上跟人对着干，所有这些不讨人喜欢的品性都是在寻找破茧而出、独立自主的自我，在构建身份认同。父母的理解与支持可以帮助孩子形成正确的自我认知，建立积极的身份认同。

0—18 岁的孩子自我评价和内在认同对照表

年龄段	成长期	各年龄段自我评价和内在认同对照
0—3 岁	幼儿期	这个阶段的孩子主要通过感知世界来认知自己。自我评价体现在对基本需求的满足感，如饮食、安全和关爱。内在认同主要建立在与主要照顾者的关系中，形成自己是否被爱和被关照的认知
4—6 岁	学龄前期	这个阶段的孩子开始探索自己的能力和兴趣。自我评价表现为对完成任务的自豪感以及对失败的挫折感。内在认同在家庭和幼儿园中建立，孩子通过家人和老师对自己的支持和反馈来形成对自己的认同，通过与同龄人的互动来构建自己在群体中位置的认知
7—10 岁	儿童期	这一阶段的孩子在学校学习和社交。自我评价更多会通过自己在学业、交友、兴趣特长上的表现，通过老师、同学和父母的评价来形成对自己能力的认知。内在认同更多地受到学校环境的影响，孩子通常在学校中形成自己的角色定位
11—14 岁	青春期初期	这个阶段的孩子经历着身体和情感上的变化，自我评价会涉及外貌、能力和人际交往。内在认同主要受到同龄人和社交环境的影响，会主动找到自己在群体中的角色定位
15—18 岁	青春期中期	这一阶段是孩子进行身份探索和独立性发展的关键时期。自我评价体现在学业、职业方向和人际关系等方面，会主动规划和努力去实现自己的人生理想。内在认同受到同龄人、学校环境和社会期望的影响，会努力寻找自己未来在社会中的角色和身份

父母为什么要帮助孩子建立身份认同？

1. 青春期是身份认同的困惑期。11—12岁的孩子处于青春期初期，他们因为身体发育和心理变化，对自我认知存在混乱和不确定，不清楚自己会面临哪些挑战。他们需要父母帮助他们更好地认识自己，确定自己的身份，为未来的学业和职业方向做好整体规划。

2. 11—12 岁的孩子是个体身份认同建构的关键时期。孩子在这个阶段开始探索自己的身份、学业、价值观、兴趣特长和未来职业方向。如果孩子能够在青春期初期建立积极健康的身份认同，对自我有一个清晰的认识，在以后的学习和生活中会更加自信、主动和成功。

★ 家庭环境对孩子身份认同的构建起着至关重要的作用。父母的态度、价值观和行为模式会直接影响孩子的身份认同。因此，父母要树立正确的价值观，注意自己的行为模式，为孩子做好示范，帮助孩子构建积极健康的身份认同。

★ 父母如何帮助青春期初期的孩子构建自我身份认同

1. 父母应给孩子普及青春期初期身体发育的常识，让孩子对身体发育有一个正确的认知，用平常心看待身体出现的性别特征和现象，减少因身体变化而产生的烦恼和焦虑。

2. 父母应帮助孩子了解青春期初期孩子的心理特点，了解荷尔蒙对孩子身心造成的影响，理解孩子情绪多变的原因和对自我的探索，多关心和包容孩子。教给孩子一些情绪释放的方法，让孩子少一些烦恼，用积极的心态探索自我，安心学习，健康成长。

3. 父母应帮助孩子提升学业成绩，发展兴趣特长，让孩子拥有自信的资本。父母不要总拿孩子与别人作比较，打击孩子的自信心，要多看孩子的优点，多肯定孩子，多称赞孩子的努力，帮孩子建构自我认同感。

4. 青春期初期的孩子渴望拥有自主权，渴望拥有独立的房间。父母要理解孩子的心理需求，给孩子自主权和独立空间，让孩子自己做主。只要不是原则性问题，就不要太较真，不要总与孩子争输赢。父母应适度管教，多聆听，多给予孩子有价值的建议，引导孩子成长。

自我认同的过程就是让孩子客观地分析自己，看到自己的优点和缺点，扬长避短，发挥优势，变得更优秀。在这个过程中，父母要告诉孩子：接纳自己的优缺点，积极处理生活中出现的矛盾，乐观面对挫折与失败，不让消极因素影响自己；不用太在意别人怎么说、怎么想，按照正确的想法和节奏努力成为期待中的自己。

知道学习的重要性，会主动进行探索性学习

11—12岁的孩子一般已经充分地知道学习的重要性，对新知识和新技能有强烈的求知欲，会主动进行探索性学习，主动拓展知识的深度和广度。他们通常能够管理自己的学习进度和目标，克服困难，创造性地完成学习任务。他们往往乐于尝试新的学习方法和策略，自主选择适合自己的学习方式和资源。

因此，在这一时期，父母需要积极支持孩子进行深度学习，为孩子提供丰富的学习资源，满足孩子的学习需求。同时，父母要多分享学习经验和方法，帮助孩子更有效地学习和成长。

★11—12 岁的孩子的行为特征

1. 阅读兴趣浓厚。11—12 岁的孩子一般对阅读的兴趣十分浓厚，遇到感兴趣的图书，会乐此不疲地阅读，喜欢阅读的图书种类增多，理解能力提升很多，能够从阅读中增长见识，获得乐趣。他们非常喜欢口头讲述，喜欢把自己看的故事分享给朋友听。

2. 兴趣爱好广泛。11—12 岁的男孩子一般喜欢各种体育运动、探险、编程，还喜欢机器人、动漫、拼装模型、无线电，11—12 岁的女孩子一般喜欢弹琴、绘画、做手工、编故事、收集各种卡片。相同的是，他们都喜欢团体活动，能够在团体中边玩边学本领，会积极地把课余时间都安排得满满的。

3. 喜欢参加校园各种活动。11—12 岁的孩子一般都喜欢演课本剧，对担任的角色很感兴趣，会尽心演好；喜欢参加学校的一些团队，如管弦乐队、篮球队、足球队、剧社；喜欢做各种小实验、小制作，学习各种技能。

4. 做事情很投入。11—12 岁的孩子一般只要愿意做一件事情，就会将其当成最重要的事情，投入时间和精力去做。

5. 重视学习成绩和荣誉。11—12 岁的孩子一般会努力在学业、体育运动和各项活动中表现优秀，以取得他人的认可和获得荣誉。

11—12岁的孩子知道自己长大要承担更多责任，面对很多困难，但也知道长大会有很多乐趣。因此，他们多数时候能保持一份平和的心态，理性地做事情。

父母如何支持孩子深度学习

1. 提供多样化的学习资源。父母应给孩子提供更多有关兴趣爱好的学习资源，让孩子能够系统学习，将兴趣爱好发展成为擅长的能力。

2. 鼓励深度阅读。父母应鼓励孩子深度阅读，多读经典文学作品、科普书籍，拓展孩子的知识面，提升孩子的深度思考能力。

3. 鼓励孩子进行跨学科学习。父母应鼓励孩子跨学科学习，在学习中将多学科知识融合运用，让孩子拥有更广阔的知识面。

4. 支持孩子参加竞赛和挑战。父母应鼓励孩子参加各种竞赛，这有助于锻炼孩子的竞争意识和解决问题的能力。家长要给孩子提供必要的指导和支持。

父母应定期与孩子一起制订学习计划和目标，定期进行讨论和评估，培养孩子的自我管理和规划能力。同时要确保孩子在学业之外有足够的时间休息和娱乐，以保持身心的平衡发展。

遇到难题不会做？试试提升知识整合能力

孩子常遇到一些学习难题：一些题型老师讲过了，自己当时也听懂了，但课后就是不会做。出现这种情况的原因之一是孩子知识整合能力差，不能有效地利用所学知识解决学习难题。

想要增强知识整合能力，孩子需要具备扎实的知识基础，能够统筹运用所学知识解决问题。因此，孩子需要进行跨学科广泛学习，掌握扎实的知识基础，将多学科知识融会贯通，学以致用；需要多思考，多做思维训练，从而使思维敏锐，能够迅速抓住问题的本质，并统筹运用所学知识解决问题。

★ 父母应如何提升孩子的知识整合能力

1. 鼓励孩子进行跨学科学习。父母应鼓励孩子从小多涉猎一些学科，而不仅仅局限于学校规定的学科。比如，在小升初之前，根据孩子的个人接受度，让孩子学习一些物理、化学、历史、地理、艺术方面的知识，拓展孩子的知识面，开阔孩子的思路，使孩子将不同学科的知识结合起来去解决问题。

2. 解决问题式学习。父母应引导孩子在遇到难题时，围绕问题进行学习，查资料，找方法，在解决问题中学习新知识。

3. 多做逻辑思维训练。父母应给孩子买一些逻辑思维训练的书，让孩子经常做一些训练题。这些题都很锻炼思维能力，孩子经常做，思维就会敏捷，从而能够理解问题之间的关系，找到解决问题的思路，进而解决问题。

4. 参与项目式学习。父母应鼓励孩子参与到一些课题项目中，与同学一起查资料并进行研究、讨论，共同完成项目。在这个过程中，培养孩子的合作精神、知识融合能力和解决问题的能力。

父母可以通过以上方法，帮助孩子学会综合运用所学知识解决问题，提升知识整合能力，为初中学习打下坚实的基础。

死记硬背学得好辛苦？巧用方法让学习事半功倍

五到六年级的孩子需要学习的知识越来越多，知识的难度越来越大，他们每天有大量作业要做，有大量内容要理解、记忆。这就需要孩子掌握学习方法，提升学习效率。

掌握了学习方法，能够更快地理解和记住所学知识，提高学习效率，节省学习时间，同时还可以打好学习基础，为上初中做好准备。因此，父母要注重引导孩子掌握学习方法，完善学习策略，更好地适应学习需求。

★ 父母应教给孩子几种常用的学习方法

1. 上课之前先预习。父母应教导孩子上课之前先预习，提前了解新课的重点与难点并标注出来，上课时有的放矢地听课，就能够抓住这堂课的精华。预习时通过复习之前所学的知识，将新知识与前面学过的知识衔接起来，上课时思路就会更清晰，更容易听懂。

2. 上课时跟上老师的思路。父母应教导孩子上课时要根据预习时整理的重点、难点，带着问题进课堂，紧跟老师的思路，围绕重点与难点有针对性地听，边听边思考，有疑难问题时随时提问，把问题当堂解决掉。

3. 课后利用黄金两分钟复习记忆。父母应教导孩子在每节课后，利用黄金两分钟把上节课的主要内容进行一个复习梳理，以加深记忆。这一步很重要，因为老师刚讲完，大脑记忆清晰，复习可以加深记忆，避免遗忘。遗忘是先快后慢的，复习是避免快速遗忘的好办法。

4. 做作业时先审题。父母应教导孩子审题是解题的第一步，审对题是成功的一半。审题就是通过分析题目中的已知条件和要求，提取出关键信息，知道这道题考查的知识点，为解题做好准备。

5. 识别出解题的思维模式和规律。父母应教导孩子解题的第二步是识别出解题的思维模式和规律。通过深入思考，理出解题步骤和策略，在解题过程中，要多回忆老师的解题思路，一步一步把题解开。

6. 复盘总结解题思维规律。父母应教导孩子在解开习题以后进行复盘总结，总结出思维规律和方法，这样才能提升思维水平，越来越善于解答这类难题。

培养底层思维，让孩子越来越优秀

在孩子成长过程中，父母常常很关注孩子知识的积累和特长的培养，而忽略对孩子底层思维的培养。底层思维直接影响着孩子看问题、思考问题和解决问题的能力，是非常重要的一种能力，如果孩子具有良好的底层思维，就可以更好地理解世界、思考问题和解决问题，更容易取得成功。所以，父母需要重视培养孩子的底层思维。

底层思维对于孩子的成长至关重要。底层思维一般包括六种思维：系统思维、创新思维、批判思维、情绪智商思维、持续学习思维、目标导向思维。系统思维可以让孩子从全局和动态的角度思考问题，在系统中找到解决问题的方案；创新思维可以让孩子打破传统思维的条条框框，从全新的角度思考解决问题的方法；批判思维可以让孩子学会独立思考，不受别人观点的干扰，独立分辨出信息的真假，提高辨别是非对错和解决问题的能力；情绪智商思维可以让孩子学会识别别人的情绪，管理好自己的情绪，与他人建立良好的人际关系；持续学习思维可以让孩子保持求知欲和好奇心，不断更新知识和技能，适应变化，拥有竞争力；目标导向思维可以让孩子学会制定目标，围绕目标做出努力，减少盲目性，不断取得成功。这六种思维相辅相成，共同构成孩子全面而强大的思维模式。

培养六种底层思维，让孩子越来越优秀

1. 系统思维是一种综合性的思维方式，让孩子在解决问题时能够从整体上综合思考，而不是只关注局部和细节。系统思维能够训练孩子分析复杂问题的能力，帮助孩子理清问题的结构和关系，找出其中的关键因素和影响因素，从而更有效地解决问题。这种思维可以让孩子学会谋划和布局，提升领导力和组织能力。

2. 创新思维是以创新为核心的思维方式，要求孩子不断打破传统思维方式，用创新的思维方法找到解决问题的途径。孩子学会创新思维，就能够应对各种变化和挑战，在激烈的学习和竞争中脱颖而出。

3. 批判思维是对事物的真实价值进行独立思考和判断的思维方式，要求孩子对一些信息和观点不轻信，不盲从，学会用自己的大脑进行思考，判断信息的真实性，辨别是非对错，形成自己的独立见解，成为一个有主见的人。

4. 情绪智商思维是以情商为基础的思维方式，让孩子能够更好地理解和管理自己的情绪，在压力和挫折面前保持冷静和乐观的态度，减少负面情绪对自己造成的影响；同时能够理解别人的情绪，能站在别人的角度思考问题，从而更好地与他人建立人际关系。

5. 持续学习思维是不断学习新知识的思维方式，让孩子在成长过程中能够快速适应新环境，主动寻找学习资源和机会，不断更新自己的知识和技能，不断优化自己的思维方式，保持持续的竞争力。

6. 目标导向思维是以目标为努力方向的思维方式，让孩子一直有明确的目标、可行的行动方案，并持续朝目标努力，从而走向成功。这会激发孩子的自驱力和意志力，让其不断努力、坚持不懈地去实现目标。

父母要重视对孩子底层思维的培养，让孩子成为一个思维敏捷、充满创造力和有明确目标导向的人，在学习上不断进步，不断成功，越来越优秀。